美の旅はタイ国際航空でスタート！

機内のトイレには Erb のコロンが

タイ・ドレスの CA さんにうっとり

バンコク・コーデは柄×柄でどうだ！

買った服が似合わず絶叫する旅女

ゲイのお姉さんのオススメネイル

バイクタクシーが白馬に見える？

ボディジュエリーに使うラメパウダー

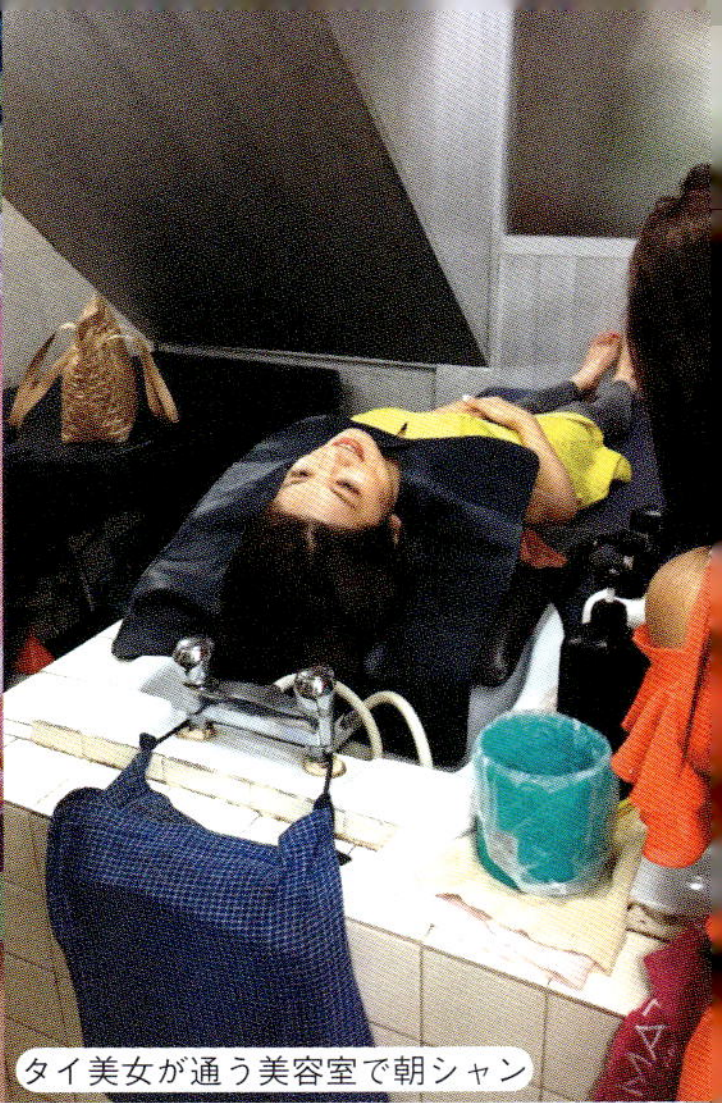
タイ美女が通う美容室で朝シャン

傘をさした猫のボディジュエリー

二重人格的なパワーストーン

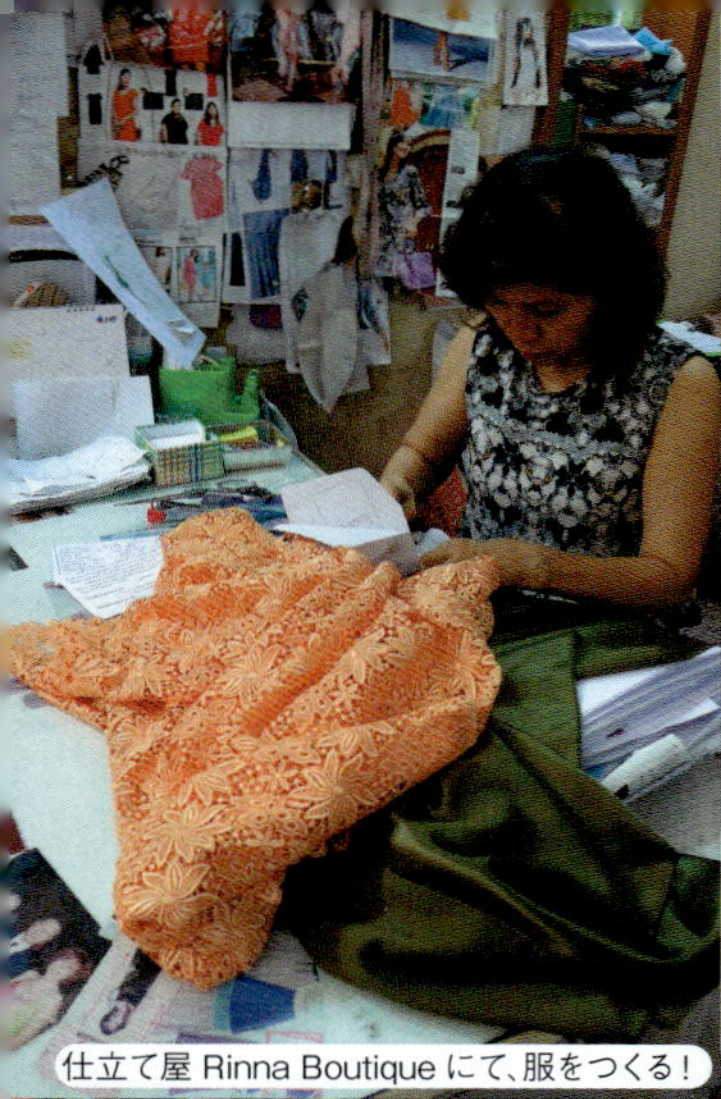
仕立て屋 Rinna Boutique にて、服をつくる！

うますぎの屋台で二人で６皿完食！

旅女によるタイ風ポメロとチーズのサラダ

ムエタイ体験でムキムキを撮る旅女

洋服を作るため布屋さんで布を物色

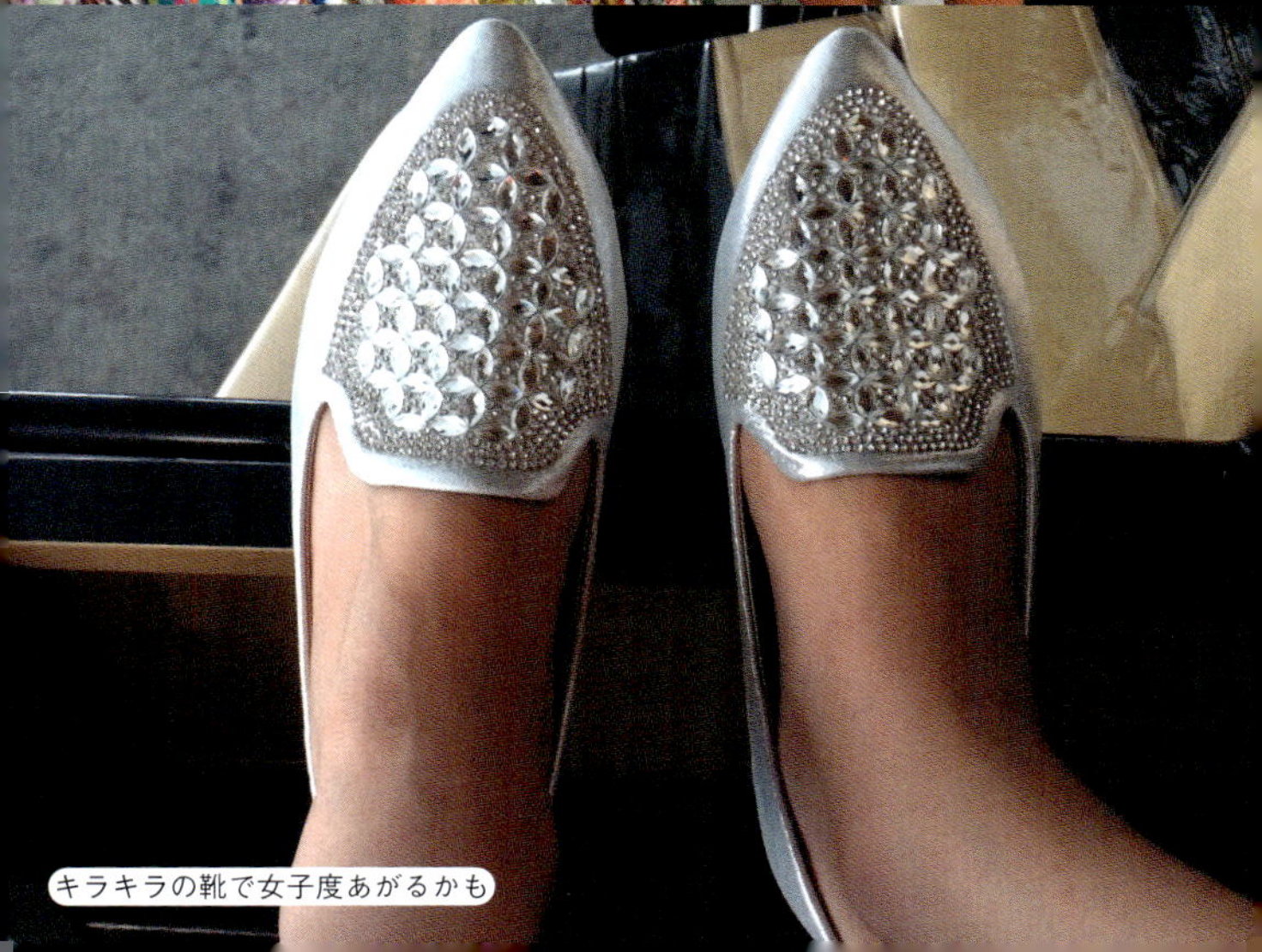

キラキラの靴で女子度あがるかも

マンダリン・オリエンタルの龍脈で

フォーシーズンズの大きすぎる部屋

くるくる回る旅女、その後、倒れる

ココナッツの美容栄養満点カレー

パパイヤジュースでビタミン補給！

タイ料理教室で作ったトムヤムガイ

美容サラダのソムタムを屋台で

恋する旅女《たびじょ》、美容大国タイ・バンコクにいく!

小林 希

幻冬舎文庫

恋する旅女《たびじょ》、美容大国
タイ・バンコクに
いく!

小林 希
Nozomi Kobayashi

ผม/ดิฉัน มา จาก ญี่ปุ่น ครับ/ค่ะ

もくじ

はじめに

２０１１年12月27日、29歳になって2ヶ月ほど経ち、私は会社を辞めて世界放浪の旅にでた。

それまで日本で生まれ育ち、中学高校は私立の女子校に通い、女子しかいない環境というのに（そのせいか）、想像以上に男子を意識しない毎日を送ってきた。可愛くいることよりも、いかに面白いか、同性にモテるかっこいい男前の女子でいるか、ということにもっぱら意識を向けていた。だから中学高校の4年間は『SLAM DUNK』に憧れてバスケ部だったし、動くのも楽だからとずっとショートヘアにしていた。

その後、大学で共学になったときは、新たに出会う同い年の女子たちが超キラキラとして見えて、驚いた。皆、自分をキラキラ見せる方法を知っている！

焦るように、「私もキラキラしたい！」と願い、まず髪を伸ばし始めた。そのときが、私の中で寝ぼけすぎていた「美意識」がパッと目を覚ました瞬間だった。

おかげで大学生活からの20代は、あれこれとキラキラな自分をめざしながら、仕事や趣味を謳歌して「今の私、イケテルに違いない」と思い込んでいた。

だけれども、「キラキラの自分」ってなんだ？　「美しいと思われる自分」って、いったいどんなだ？

それこそ疑問だらけで、「これが美しい」という自分のイメージに突っ込みどころは満載なのだけど、当時は迷う暇もなく外見を美しく見せることに命をかけていた。

思えば、私というヤツは、中身の空洞な真っ白の陶器に、外側だけ美しく絵を描いた置物のようだった。もともと自分という色のない陶器は、ふう〜っと風が吹けば簡単に倒れて割れてしまいそうなほど、とても脆いものだった。

そんな私が29歳で旅女《たびじょ》になって、バックパックひとつで1年間の世界放浪の旅にでた。バックパックは極力軽くしていきたかったから、最低限のものしか詰めていかなかった。オシャレな服も、美容グッズなんてものもない。

けれど不安はなかった。私の中で、旅はナチュラルにあるべきだし、むしろ人間としての成長や学びを得に行くのであって、「綺麗」でいることが大事だなんて思わなかった。いや、中身を磨いてこそ、本当の美しい人間になれるのではないか。

あ、だからといって、まったく女を捨てるつもりなんてないわ！　スッピンで堂々と都市を歩くなんてしたくないし、最低限は女性としての見かけも美しく保っていく！

……そんな、つもりではいた。

ところが、世界で私を待っていたのは、過酷な自然環境や異文化で、あれよあれよという間に肌はカサカサになり、踵《かかと》はひびが入り、唇も割れ、服もボロボロになった。

時折どこかの街のマーケットで軽石を買っては踵を削ってみたり、ボディクリームをべったりつけたり、可愛い服を見つけて買ったりもして、なんとなくそれで満足というか、もう仕方ないという思いに侵されてしまった。

その代わり、日に日にたくましくなり、日常では出会えないような経験を重ねていき、私はもう空っぽの陶器ではなくて、幾分重みもあって、自分らしい色味のついた陶器になっていくという実感が嬉しくて仕方なかった。

1年間の旅を終え、またすぐに旅にでるつもりで、一度帰国することにした。

久しぶりの日本で見る日本人の女性たちは、やっぱり美しかった。爪先から頭のてっぺんまで、綺麗で清潔を心がける美意識は世界でもトップレベルだ。

きっと私だってそうだったはずなのに、なんだか別世界を眺めているようで、切なさと同時に、自分は自分だと思えるようにはなった。

「いーのよ、これで！　大切なのは、中身！」

これまでの逆、必要以上にそう思ったのは事実。ところが、その考えもまた大バカだったとわかったのは、その後すぐ数ヶ月の旅にでて、その間にタイのバンコクにいる親友クリナの家を訪ねたときだ。

きっと、彼女は久しぶりの私を見て「素敵な女性になったじゃない！」と言ってくれると思った。なんとなく、そんな自信もあった。

けれど開口一番に、彼女は私をまじまじと見て、こう言った。

「のぞ、旅ってそんな過酷なの？」

むむ？　どういうことかしら？　質問の意図が読めず、

「そうね、もちろん過酷だし、たくましくなるね」と答えると、彼女はだまったまま、再び私をまじまじと見て、こう言った。

「たしかにたのもしくなった。すごく素敵だと思う」

ほうらね！　もう〜、もったいぶらずに早くそう言ってよね！

「でも」と、彼女は間髪を容れず一言つけ加えてから、私の顔から全身を丁寧に見て、ビシッと言い放った。

「でも、女を捨てている！」

な、なんですって！

「キラキラしていない」

が――――ん！（涙）

このやりとりが舞台の劇だったら、ここで一度暗転という感じ？　実際はそうならず、彼女は続けた。

「オス化した」

…………（絶句）。

ここで、完全に私の舞台の暗幕は下がってしまった。

旅をして、私自身は空っぽの陶器から少し中身の詰まった、重みのある陶器になったと思った矢先、一方で女子度をぐんと低下させていたという現実に衝撃を受けた。

それはつまり、綺麗に見えない重いだけの陶器？

オーマイガー。そこまでだったとは……。

ああああ。地面に四つん這いになってうなだれる私。

「だって、だって、過酷だったのよ」

それでも自分なりに気を使っていたはずなのに！

打ち拉《ひし》がれる私の肩をそっと優しく抱きしめ、彼女はこう言った。

「大丈夫。ここは美容大国タイランド、美（オンナ）を取り戻しましょう！」

え、今なんて？

突然親友に後光がさし、世界がぱ〜っと明るくなった。

実際、タイの街ですれ違うタイ女性ってハッと振り返りたくなるほど綺麗な髪や肌、スタイルをしている。そうだ、タイにいたら、きっと私は美を取り戻せるはず！　とはいえ、今回はもうすぐに帰国しなければならない。

「日本に帰っても、美容には時間もお金もかかるんだから、すぐにバンコクに戻っておいで。そして一緒に女子度をあげていこう！」

ああ、女神さま、私、あなたの言う通りにいたします！

かく言うクリナも、女一人で小さな3男児を育てている（旦那さんは別の国に赴任中）。だから、彼女自身も家事育児で失われた美を取り戻したいのだと言うから、旅女はママ女と固い握手を交わし、一緒にがんばろうと誓い合った。

そして、中身のずっしりとした陶器に、新たに自分らしく美しい絵を描いていく。それは想像するだけでも、理想の美しい女性像な気がする。うん、そうだ、真の美しい女性まで、あと一歩よ（その一歩が非常に大変&遠いのだけど……）！

再び、舞台の暗幕があがっていく。

さあ、第2部の幕開けだ。やってやろうじゃないの！（鼻息）

というわけで、再びバンコクへ行くことにした。もちろん美のためだけに！

それで、いつもは格安航空会社LCCを使い、安さだけで選んでしまうところだけど、今回は迷わずタイ国際航空を選んだ。ANAでもJALでもなく。

タイへ美を学びに行くのだから、生半可な気持ちで日本の飛行機を使ったって仕方ないし、日本人のタイ好きな友人たちに、「いつも何航空で行くの?」と聞くと、「タイ国際航空」と言うじゃないの。

「羽田からタイの風がふくよ。タイ人のCAさんが可愛いよ、乗ればわかるけど」

間違いない。タイ国際航空で行ってやる。美のレッスンは羽田空港からスタート！　一秒もムダにしないわ。

さあ、32歳の旅女、オス化して失われた美を取り戻すため、美容大国タイ・バンコクへの旅が始まった。

＊本文に書かれている情報や価格などは、すべて２０１４年10月〜２０１５年3月時点のものです。
＊当時の１Ｂ（バーツ）のレートは3・3〜3・7円です。
＊本文の体験はすべて旅女がガチでトライした話です。
＊本文に描かれている美の効果は旅女個人の見解・結果です。

第1章　旅でオス化したあれこれ、美《オンナ》を取り戻せ！

美容大国タイで、まずはマイナスからゼロ以上になること（リセット）を目標に、がんがんローカルに突っ込んで美（オンナ）を取り戻すわよ！　ポイントは、最も「美」とかけ離れていきそうな長期旅行者（ええ、私、旅女）でさえ、あっという間に美を取り戻せる、いや、それ以上をめざせるってところ。さあ、バンコク滞在にて、「オス化した旅女」から「美・旅女」へ変わる挑戦が始まった！

「美」への道は、タイ国際航空から始まる
——機内からタイがスタート！ 女心と旅心を満たしてくれる美しい始まり

２０１１年、１年間の旅はＬＣＣに乗って羽田空港から日本をとびたつことから始まった。その後帰国してからも、中東欧や中南米、他の国へ旅はしたけれど、いつも成田空港から出国していた。

タイ国際航空は、朝10時45分のフライトだ。成田空港なら6時過ぎには家を出ないといけないのだけど、今回は久しぶりの羽田空港だから、出発約3時間前の7時半に家を出ればよい。朝起きてから、ゆとりのある朝に、じわじわとした喜びが湧いてきた。

今回は、（イメージだけど）あまり男らしくバックパックを背負うのはやめて、優雅にスーツケースで行くことにした。

といったって、前日パッキングしているときに驚いた。バックパックは入る容量は40リッ

トルほど、とにかく「荷物はコンパクトに！」が鉄則。その癖があったから、圧縮袋を多用して、タオルは薄いものを選び、ドライヤーは不要だし、コスメティックは最小限に……と詰め込んでいったら、中サイズ（約55リットル）のスーツケースの片側が半分埋まらなかった。

何か入れ忘れているのではないかとそわそわしたから、ムダに洋服をもっと入れることにして、あとはクリナの子供たちにと、日本のお菓子や食材を入れてみた。

ところが、羽田空港へ向かう電車に乗ってから気づいた。

がーん……、サングラス、帽子、日傘を忘れたよぉぉぉ。

誰が、「美を取り戻す」旅だって？

正直、今の私にはお菓子やふりかけなんかより、一番にスーツケースに入れてこなければならなかった美白レスキュー隊員たち！

こうなったら空港の免税店で、オシャレなグラサンでも買ってしまおうか。これはきっと、美の神様の仕業よね？

〝いい加減、旅先で買った５００円のグラサンは卒業なさい〟というお告げ。

成田空港ならば、いつも家から東京駅まで45分ほどかけて行き、そこからバスで１時間かかるところ、羽田空港なので家からちょうど１時間で到着した。それも、羽田空港で買うものリストを頭で考えていたら、あっという間に着いてしまった。

成田空港というのは何度も利用しているし、大変な愛着があって大好きなのだけど、それでも羽田空港国際線ターミナルのスタイリッシュな感じには驚いた。

2011年の出国は、深夜1時発の飛行機だったから、すでにほとんどの店も閉まり、人も少なく活気がなかった印象があった。

な、なんなんだ、すごい人！

ハロー、ニーハオ、アニョハセヨ〜。

ざっと目の前にいる人たちだけで、いろいろな国の旅行者がいるし、活気がすごい！

人をかきわけ、タイ国際航空のあるIカウンターに向かった。紫を基調としたアジアンテイストなタイ国際航空のデザインは遠くからもかなり目立つ。「こっちにいらっしゃ〜い」と呼ばれている気がする。

紫は、私にとってなんとなく神秘的な色だ。ミステリアスな雰囲気と魅惑的で人を惹き付ける妖艶さがある。

チェックインカウンターでパスポートを見せて、通路側の席をお願いする。LCCで海外に行くときは、チェックインカウンターは人でごった返し、現地人（タイならタイ人）であふれかえっているところ、その様子はまったくない。ほとんど日本人旅行者か外国人ビジネスマンと見受けられる。

並び始めて5分ほどで荷物を預け終わり、搭乗券を手渡された。

さあ、あと1時間ある。その間に海外旅行保険に加入して（これは毎度、どの国でもする）、4階の本屋に行って機内で読む雑誌を選び、出発ゲート、イミグレを通過する。

意外と時間がなくなり、綺麗に忘れた日焼け（美白）対策グッズはUVカット90％の効果があるという晴雨兼用の折り畳み傘だけ、なんとか免税店の並ぶ土産物屋の中で見つけた。

あ！　オシャレなグラサンを買う余裕なんてなかったけどな〜、神様？

10時5分には搭乗ゲートにいるようにと言われ、時計を見るともう9時55分。そろそろと搭乗ゲートに向かうと、すでに乗客が並んでいて、その列の後ろに並ぶと、すぐに搭乗が始まった。

個人的に、アジアの航空会社というのは遅れるイメージがあったのだけど、超時間厳守。あっという間に機内へ行けるスムーズな感じが、ＬＣＣとも違う気がした。

ＬＣＣは長期で旅行するには安いし便利だから、私もずいぶんと乗ってはきたものの、安い分だけ時間はかかると思っておいたほうがいい。平気で数時間遅れるし、キャンセルもある。

さんざん遅れたのに、機内で食事がでないからお腹が空いたりもする。もちろん機内で食事は買えるのだけど、ＬＣＣは機内食、機内サービスなどすべて排除しているからこそ格安で行けるのに、あえて機内食を買いたくないという変な心理が働いてしまうのだ。

機内の入り口で、いきなり二人の美人キャビンアテンダントがタイ・ドレス（民族衣装）を着て、ワイと呼ばれる合掌のポーズをしてお出迎えしてくれる。一人は美しいパステルカラーの青のトップスに紫の蘭を胸元につけ、ピンクのロングスカートと合わせていて、もう一人はパステルピンクとベージュの間のようなセットアップをお召しになっている。

色白の肌、綺麗な二重、長い睫毛（たぶんエクステだけど）、すらりとしたスタイルに、そのタイ・ドレスが合っている。

思わず、「写真撮らせてください！」と、後から来る乗客が少し途絶えたところで、遠慮もせずお願いしてしまったくらいだ。もちろん、ハニカミながら、笑顔をくれた。

く〜っ。いただきました！

これぞ、友人がまるで自分の航空会社のように自慢げに話していた、「羽田空港の機内からタイが始まる」ってやつね。それに、「可愛いＣＡさんに出会える」って、本当だった。

機内も紫を基調とした内装で、濃い色の紫のカーペットやカーテン、淡い紫やアジアンなシックなオレンジや赤のシートが高級感を漂わせている。

その中を、何人ものキャビンアテンダントがさまざまな色のセットアップで、タイ・ドレスを着こなして動き回っている。

ファースト、ビジネスクラスのエリアは、少しご年配のキャビンアテンダントさんが小豆色や抹茶色の上質な大人の色のタイ・ドレスを着用して、紫のゴージャスでソファのようなシートにいらっしゃる乗客にサービスを開始している。

ここまで異国を感じたり、その国らしさを味わえるというのなら、同じ値段、あるいは多少の値段の差があっても、タイ国際航空を選んで正解だった。

この旅は、「タイで美を取り戻す」がテーマだけど、それにふさわしい美に囲まれた始まりだし、何より記憶に残る「旅の色」が存在する。どんな旅であれ、私は色の記憶というのが旅の記憶として残ることが多いから、目の前の一つひとつの色を脳裏に焼き付けていく。

それだけではない。機内で、旅にとって欠かせない〝出会い〟まであった。

3人席の通路側に私が座り、同じ番号のシートの窓側に座ったのはダンディな日本人のおじさまだった。シートは運良く非常口席にあたり、足下は広く快適なのだけど、映画を観たりするモニターや食事台は足下やひじ置きの中に収納されているから、初めて非常口席に乗ると戸惑ってしまう。ダンディ（と呼ぶ）もご多分にもれず、手こずっておられた。

「あの、それ、ここから取り出すんですよ」と教えてさしあげると、

「ああ、ありがとうございます。ボクね、今回一人旅は初めてでね、いつも仕事だから誰か

いるんですけど……」と話し始めた。

私の父親ほどの年齢で、白髪混じりで笑顔が優しい穏やかな雰囲気の方で、今回はプライベートで来たものの、数ヶ月後にはまたバンコクで働くかもしれないと言っていた。

「キミと同じくらいの娘が二人いて（実際は私よりも年下だった）、彼女たちもボクがバンコクで暮らすことを応援してくれているんだよね。反対されると思ったのに」

「お父さんがいるとバンコクに遊びに来れるからですね！」

「そうなんだよ」と嬉しそうに笑う。

さらに話をすると、ダンディの奥様は病気で他界してしまい、今は娘たちが彼の老後の心配をしてくれていると言っていた。バンコクに来る前にも、娘たちと家族会議をして、彼のこれからの人生の話を伝えてきたという。

娘たちとそんなふうにコミュニケーションができるのも、したいことを応援してくれるのも、老後を心配してくれるのも、ダンディが家族を大切にしてきたからだろう。

と、旅女は話を聞きながら妄想をする。

これまでまったく知らなかった他人の人生に思いを馳せるなんて、不思議だ。それも旅の始まりという気がする。それが機内でだなんて、なんだか笑顔になってしまう。

ある程度話をし終えると、切りのいいところでお互いイヤフォンをして映画を観始めた。

どれを観よう？

日本語対応の最新映画もあるし、観たかった少し前の映画もあるし、クラシック映画もこの際観たい。悩みまくり、結局未知の世界を知るべくタイのコメディ映画にした。いきなり少年が何人かでてきたかと思えばどうやらおかまちゃんらしい。表情や仕草がこのうえなく女だ。しばし見入っていたのだけど、言語はタイ語だし、字幕は英語だし、途中でストーリーがちんぷんかんぷんになって消してしまった。

ただ、タイ人の女優というのは本当に肌が白くて、可愛い。日本人にも似ていると思うけれど、とにかく細くて手足が長くスタイルがいい。鼻も高く、ホリも深いせいか、見方によっては西欧人とのハーフくらいには見えてしまう。

機内のモニターをいじり、「THAI FOOD」というのを選択すると、「MUST TRY」「RECIPES」「FRESH FROM NATURE」とさらにあって、「MUST TRY」には揚げた鶏肉とカシューナッツの炒め物「Kai Pad Med Ma-Maung」や鶏肉入りの甘く、辛く、酸っぱいココナッツスープ「Tom Kha Kai」、牛肉とココナッツペーストで作ったタイ・カレー「Panaeng Neur」が載っていて、胃袋はすっかりタイ料理モードのスイッチがオンになってしまった。

その後運ばれてきた機内食では、「魚か肉か？」と聞かれたのに、「タイフード　プリーズ！」と答えていた。それでも笑顔で、さっとトレイをテーブルに置いてくれるキャビンアテンダントのホスピタリティはすごい。

結果、お皿が赤いアルミホイルに包まれた「肉」のほうが来て、開けると牛肉入りのグリーンカレーだった！　しかもスパイシー！　辛いのがダメな人には応えるほどの辛さ！

その、辛さが大丈夫かどうかを確認しないサービス、大雑把なところもアジアらしくて、いい。そういう意味でもやっぱり、もう、ここはタイだ！

ちなみにダンディはお皿が緑のアルミホイルに包まれた「魚」を選んだらしく、チラ見したところ、和食だったもよう。

初のタイ国際航空の機内食・グリーンカレーは辛め＆うますぎ、これぞ本場の味！

機内食が終わると、とたんに眠気が襲ってきた。ＬＣＣだと、寝た者勝ちという感覚があって、起きてあと1時間で着陸となると嬉しい達成感があるのだけど、こんな快適な機内を寝て過ごすのがもったいないと思ってしまう。

とりあえず、トイレに行く。順番を待っている間、後ろから座席を眺めると、各シートのモニターが薄暗い中、紫に光っていて、まるで宇宙船の中を思わせた。

入ったトイレもまた、紫。そこに、紫の蘭とタイのオーガニックブランド「Erb（アーブ）」のオーデコロンが置いてあって、しゅっと体にふりかけると、シトラスの良い香りがトイレの中に広がった。

オーデコロンが置いてある飛行機は初めて。何から何まで、女心と旅心を気持ちよく喜ばせてくれるじゃないの。

席に戻ってからも、シトラスの良い香りが続く。

その香りに誘われ、やっぱり1時間ほど眠ってしまったみたいだ。起きると軽食が配られ、あっという間にバンコクのスワンナプーム国際空港に着いた。

素敵な機内の時間が終わってしまった……。がんばってビジネスクラスにしたわけでもないのに、この名残惜しい感じ。すでに帰りの便が楽しみで仕方がないし、帰国してできることなら、チラ見しかできなかったタイ国際航空のキャビンアテンダントさんたちに、美しさの秘訣を教えてもらいたいと思った。

ダンディが、「本当に素敵な出会いでした、ありがとうございました」と言い、先に飛行機を降りていった。

その後、結局バゲージクレームの場所を探していたら、ダンディが彷徨《さまよ》える私を見つけて、「19番のターンテーブルですよ」と声をかけてくれて、また再会。一緒に19番へ向かうことになった。

「ところで、キミはどこへ行くんですか？」と聞かれたので、

「友人の家に泊まるので、このあたりです」とマップを広げながら住所を言うと、なんとダンディの予約したホテルからも近いことが判明した。

「ボクはエアポートレイルリンクを使って行こうと思うのですが、あなたはどう行くんですか？」

「私はスーツケースだし、手荷物もあるし、タクシーもいいかなと思っていたんですけど……」と言ってから、

「私もレイルリンクで行きます！」と答えていた。

それから二人で、地下鉄まで移動。空港の中なのに、途中で道を間違えたり、荷物検査があって二人ともスーツケースを通路横で全開にしてチェックされたりと、小さな障害をクリアして、ようやく切符を買ってレイルリンクに乗れた。

「一人だと不安だったなあ、キミがいてくれてよかった。ボクはいつも仕事だったから、到着すると迎えが来てくれていたからね。こんな冒険は初めてだよ」と、キラキラした笑顔をくれた。

途中でメトロに乗り換え、同じ駅で降りた。私はさらに違う線に乗るので、そこでお別れだ。日本からバンコクのこの場所まで一緒に旅をした。距離にすれば長いけれど、時間にすればあっという間の旅だ。

それぞれの歩む人生の道で、ささやかな接点があった瞬間は感動的で、別れは惜しい。けれど同時に希望が生まれる。お互いに、「ありがとう」という言葉の後に、「さようなら」は言わずに、「また会いましょう」という約束を交わすから。

私は後ろを振り返らずに、乗り換えをするためメトロの入り口へと向かった。

クリナの家の最寄り駅で降り、凸凹道をスーツケースをガラガラと引っ張り歩いて、ようやく到着した！　汗がびっしょり！　なんなんだ、この達成感！

私のイメージでは、快適なタイ国際航空に乗って、空港からはタクシーで汗ひとつかかずにクリナの家に行くはずだった。それが、今や全身滝汗だ。それでも、東京の家をでてから、クリナの家に着くまでに起こった一つひとつの記憶を思い起こすと、心が弾んで笑顔になってしまう。

家で待っていてくれたクリナが、「なんか嬉しそうだね」と開口一番に言う。

夜ご飯にと、子供たち3人を連れて、みんなでタイ料理を食べに行った。あまりにもお腹が空いていたので、クリナに「なんでもいいから、適当に頼んで〜！」とお願いする。すぐにたくさんの料理が運ばれてきたのだけど、「あ!!」と驚いた。

「これ、美味しいんだよね〜」と彼女が言ったのは、機内のモニターで指を加えて眺めていた「Tom Kha Kai」、ココナッツスープ！

またしても私がにやけるので、「のぞ、また嬉しそうだね」と言って、

「これ、ハーブたっぷり入ってるから、綺麗になるよ〜。たくさん飲んで！」と、取りわけ皿によそってくれる。

「ありがとう！」

タイ・バンコク1日目。いよいよ始まった「美」の旅は、笑顔がいっぱいこぼれてしまう。

カサカサな肌をひと剝き、さようならオス肌
——駐在員妻の流行のシミ取りクリームで肌ピーリング

常夏のタイは紫外線がとても強い。普通に生活を送るだけで、あっという間に肌は黒こげになるし、ソバカスも増えていく。

ちなみに私の肌は、メラ子ちゃん体質。つまり、メラニン色素が多く、すぐに焼けてしまう代わりに、ホクロにはなりにくい。

もともと小学生の頃は色白と言われて、中学・高校生の頃は「みかんの食べすぎ？」と聞かれるほど黄色いと言われ（違うわい！）、日焼けを気にした20代は白く戻ったのだけど、現在は「地黒ですか？」と聞かれる（違うわい！）ほど黒い。

旅を始めた２０１１年末から、果敢に紫外線に立ち向かい続けた。日焼け止めも、最初の数ヶ国こそ塗りたくるものの、途中から追いつかなくなった。そして一度真っ黒に焼けてし

まうと、もう日焼け止めを塗ることさえやめてしまった。

「まあ、この1年間は日焼けを気にしてたら旅も楽しめないしね！」

そう、心のどこかで自分に言い聞かせていた。

むしろ、ソバカスのある可愛い西欧人の女の子なんかを旅先で見かけると、無性にソバカスに憧れ、「紫外線よカモン！」くらいに思っていた（マジです）。

気づけば日焼けを気にするどころか、大きな太陽にキラキラ輝く海を見て、泳がずにはいられない性分になってしまった。

なんせ、世界にいる（とくに西欧の）女子というのは、肌を焼きたがる。彼女たちのヴァカンスは、いかにブロンズ肌になってくるかというのが、勝負。こんがりとしたブロンズ肌は、優雅なヴァカンスを過ごした証拠で、実に自慢すべきことらしいのだ。

地中海の海岸で肌を焼く金髪の美女たちや、ブラジルのコパカバーナビーチで泳ぐブラジリアン・ビキニが似合う黒髪の美女たち、カリブ海の透明な海を前に浜辺でビーチボールを楽しむ浅黒い肌の美女たち、そんな彼女たちを見てると、「まだまだ焼き足りないわ！」ぐらいに思ってしまう……（マジです）。

しかし、その思い込みのおかげで、ツケはやってきた。それも、早々に！　え、当たり前？

バンコクの家で、クリナにまず言われたこと。

「のぞ、前まではソバカスひとつないキメの細かい肌だった。でも、（鏡で私を映してみせながら）今はカサカサしてるし、ソバカスもいっぱいできてる！」

キメが粗くなり、カサカサ肌になっているのは否めないところ。でも私だって、憧れのソバカスについては、言い返してはみたのだ。

「クリナ、私はね、ソバカスのある太陽の匂いがしそうな女性に憧れているの。太陽や海が大好きよ！　って感じる女性ね。だからね、ソバカスはできてもいいの」

すると、ポーカーフェイスもいいとこ、彼女は無表情のまま人差し指で私の鼻の上を指さした。

「はっきり言いましょう。ソバカスというか、こいつはシミになりますね」

え？　シ、シミ？

私の中の太陽の匂いのする可愛らしい赤毛のアンが、シミだらけの疲れた老婆へと成り代わった。ぞぞぞ。

言葉を失う私に、彼女はこう説明した。

今はほとんどが点のようなソバカスだけど、ちょっと大きくなってるのもある。そのうちソバカス同士がくっついて、大きくなってシミへと拡大。小さなうちに、撃退したほうがよいのだと。

そうして、「これ」と彼女が見せてくれたのは、タイに駐在する日本人妻たちがこぞって利用するというシミ取りクリームだった。

サイズ的に小指ほどの大きさしかなくて、それで逆に効力がありそうに見える。クリームの表面には「ANTI MELASMA SERUM」とあって、その下に「クイノール配合セーラム」と日本語が書かれている。さらに裏面には「ブレズ薬局」と書いてある。

「あれ、日本語だ!」

「そこ、日本人常駐の薬屋さんなの」

「日本人がお店で働いているのね」

「そうそう、だから皆、安心して使ってる」

「それは、気持ち的にかなり違うね」

「で、そのクイノールってのが、フルーツ酸を配合したクリームなんだって!」

「フルーツ酸って、そんなすごいの~?」

「ものすごくピーリング効果があるらしいよ」

「ピーリングというと、皮がぷるっと剝ける感じ?」

「そうそう。一皮、ぺろーんと剝けるらしい」

会話だけ聞くとおそろしい響きがあるけれど、妄想の中の老婆が私にGO！GO！と指図する。

「で、どうやって使うの？」

「夜、洗顔の後に毎日塗るの。ただし起きたら必ず綺麗に洗い流さないとダメだって。クリームをつけたまま紫外線にあたるとよけいにシミが増えちゃうみたいだから」

むむむ。なんだか、生きるか死ぬかみたいなクリームじゃない？　もちろん、すがる思いで使ってみることにした。

その夜、洗顔をして、シャワーを浴びて、いよいよクリームを塗るときが来た。

「さあ、長期の旅の末、ついに今、美を取り戻す一歩を踏み出しました！　どうなるのでしょうか！」と、実況中継しながら、

魔法のシミ取りクリームは、こんなに小さいのに効き目がすごい

「あれ、塗るのはシミの箇所だけ？」とクリナに確認。

「たしかそう。シミの箇所が剝けて、シミが薄くなっていくみたい。でも駐在妻たちの中には、顔全体に塗っちゃうすごい人もいるみたいよ。私も久しぶりに今日から塗ってみる」と、聞き終わらないうちから、小さなチューブを指で押し、透明に近いカスタードのような色のクリームを顔全体に塗り始めた旅女。

こうなりゃあ、そのすごい人に負けちゃいられないのです。って、その人のこと知らないけどさ。

クリームはとてものびがいいので、顔全体にすんなりと塗ることができた。


シミ取りクリームを塗り始めて驚いたのは、翌朝から変化があったこと！　なんと、もう皮が剝け始めた。明らかにソバカスのある目尻周辺から始まり、鼻の下、顎、顔の輪郭部分など。

初めは、「ああ、日焼けしたから、皮が剝けてきたのね」と思ったのだけど、すぐにフルーツ酸が私の中で大活躍していることを実感。ものすごい勢いで顔面が代謝され、肌が生まれ変わろうとしている！

しっかり洗顔して、日中紫外線にあたらないようにしなきゃ！

これだけ効き目があるということは、間違ったらよけいにソバカスやシミができてしまう。絶対に死守する!!

それでも正直、日中は紫外線にあたらないようにするのがかなり大変。バンコクは都会とはいえ、外にでれば紫外線が容赦なく顔面に降り注ぐ。日焼け止めクリームをしっかりと塗って、クリナに借りたサングラスに大きなつばのついた帽子をかぶり、外は足早に歩く。もちろん、羽田空港で買った日傘もさして！

完全に怪しい人だけど、恥ずかしいだなんて言っていられぬ。生きるか死ぬか、だもの！

さらに3日ほど経ったとき、顔じゅうの皮がぽろぽろ剝け始めた。見た目には日焼けして肌の皮が剝けるのと同じ感じだから、指で皮をひっぱって剝いてしまう。日焼けした皮をめくるのが楽しいように、何度も鏡を覗いては、皮をめくりたくなってしまうのだ。

その後クリームを塗るのはいったんやめたのだけど、数日は、古い角質を含んだ肌が剝け続け、5、6日くらいでもうこれ以上は剝けません！という状態になった。だけど、その間は、化粧ノリはけっこう悪い。

この理由を知らない人と会ったら、「この人、ど――んだけ顔焼いちゃったんだ？」って思われることは、間違いなし。

だけど最終的に期待以上のぷるんっとした肌になり、濃かったシミは、表面がはがれ落ちたせいか、明らかに薄くなったと思う。

それに、触り心地の変化に驚愕した。長期の日焼けにより、キメの粗くなった肌は触り心地もイマイチだったのだけど、今の私はぷるるん赤ちゃん肌！　見た目のキメの細かさまで目に見えてわかるほど!!

「す、すごい！」

鏡の私に大きくうなずく。

バンコクに眠る魔法のクリーム。すごいじゃない！

と、効果について自画自賛もいいところだけど、それほどに変化があったというのは本当の話。もちろん個人差ってのはあるらしいけど、めでたく、クリナにも、

「いいじゃーん！　肌の状態、ゼロに戻ったんじゃない？　おめでとう、脱・オス肌!!」

と合格点をもらうことができた。

そんな彼女も一皮剝けて、それが二人の美なる道への意欲をいっそう助長させた。

ちなみに欲張りな旅女は、後日この魔法のクリームが売っているブレズ薬局を訪れた。B

ＴＳアソーク駅から徒歩1分だ。

　爽やかな日本人の男性スタッフに、

「コレ、すごいですね！　いえ、すごいんですよ。男性だからわからないかな～」

なんて言って、１本１０００円ほどするクリームを大量注文しようと聞いてみた。すると
もう、何度も言って完全に暗記した台詞のように、

「１本３９０Ｂ（バーツ）ですけど、３本買うと１本が３３０Ｂ、６本買うと１本が３１０
Ｂ、10本で１本が２９０Ｂです」と早口
に説明する。
　ほう、10本買う人がいるんだ。
「これ、体にも使えますか？」と聞くと、
「大丈夫ですよ。ただ、必ず夜つけて、
朝は洗ってください。シミがなくなるま
で使い続けて大丈夫ですけど、３、４ヶ
月経ってもシミが薄くならなかったら、
もう効果はでないので使用はやめてくだ
さいね。あと肝斑《かんぱん》は取れませんよ」と言

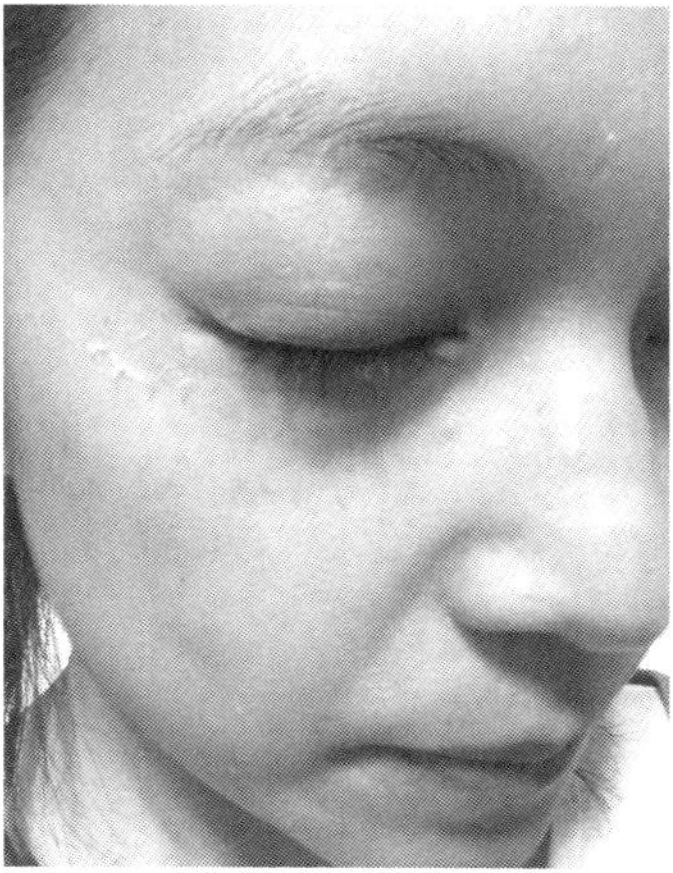
クリームを塗って２、３日後、日焼け後のように皮が剝けてくる

われた。

3、4ヶ月だったら、10本あっても仕方ない。

「では3本買います」とお願いすると、今までは薬局で販売していたらしいのだけど、成分がかなり強いということで、現在はメーカーから自宅やホテルへの直接配送となってしまうらしい。発注してから1週間はかかるから、クリナの家に送ってもらうことにする。

もし旅行で来る場合には、初日に注文をしに行くか、日本に送ってもらうか相談してみるといいかもしれない。

予約の取れない病院で本格的にシミ・ソバカスを撃退
――1日10人の日本人女性が押しかけるフルーツ酸ピーリング

フルーツ酸のシミ取りクリームのおかげで、カサカサの肌はぷるるん赤ちゃん肌になった（と、思う）。ところが、そのせいで、よけいにシミの箇所が気になってしまった。

「ねえ、前より薄くなったけど、まだ根深くいるわ。こうなったら全部撃退したい、ソバカス撃退！　シミ撲滅よ！」

「ソバカス可愛いわ！　なんて思っていた人はどこへ行った？」

「あら、そんな人いたの？　誰かしら？」

クリナのニヤニヤした目から目をそらす旅女。

まあ、そうして我々は、さらなる挑戦をすることになった。

我らが向かった先は、サミティヴェート病院スクンビット。病院って、手術でもしちゃうの？　って、そうではない。

美容大国タイでは、さまざまな美容のための技術が進んでいる。全身脱毛やレーザーでホクロを取ったり、シミを取ったり、豊胸手術なんかも病院でできたり、中には街のサロンなんかでもできる。

安全性が日本と比べて同じなのか、それより良いのか悪いのかはわからないけれど、いろいろ果敢に挑戦してみたい女子には、あらゆる美容的挑戦が格安でできる。

しかも前にインドを旅していたとき、「ここインドでお手上げの病気の患者さんは、バンコクにヘリ搬送するんだよ」と地元の人に教えてもらったから、なんとなくバンコクで何かあっても、最先端の医療技術を使って治してくれるんじゃないか、という安心感もある。

サミティヴェート病院も、タイのセレブも利用する最先端の医療機器と技術、４００人におよぶ専門医師がいるバンコク屈指の総合病院だ。バンコクのスクンビット大通り沿いにある。

クリナの家からトゥクトゥクという屋根付きの3輪バイクのような乗り物に乗っていった。

そりゃあもう、待ち受ける挑戦に、ワクワクドキドキよ！

まるでホテルのように豪華な総合病院に着き、まっすぐに皮膚科へと向かった。病院というだけあって、なんとなく緊張してしまうのだけど、この日我々が予約までして施術してもらう目的は、「シミ・ソバカスを取る」ということだ。

だけど、レーザーではない。駐在妻オススメのフルーツ酸クリームですっかり脱・オス肌した私は、にわかに「フルーツ酸狂」になっている。

この病院では、フルーツ酸の原液（つまり魔法のクリームよりもずっと成分が濃い）をシミやソバカスに直接つけて取るという施術を行っているというので、やってみたかった。もちろん、それを教えてくれたのは、クリナ。

「これもまたしかり、駐在妻たちの間ですごく流行ってる。同じマンションの日本人ママも何人もやってるし、多い時で一日10人の日本人女性が予約する」らしい。だから、なかなか予約が取れないことでも有名だとか。

フルーツ酸というのは、名前だけ聞くと、フルーツというくらいだから、体に悪くなさそうな、どことなくオーガニックなイメージがある。

昨晩、美を求める女たちは、しばしネットサーフィンに時間を費やした。もちろん、フルーツ酸について調べるため。

「フルーツ酸はフルーツに含まれている通称アルファヒドロキシ酸の総称で、細胞にとっては栄養ともなりうる酸をだすため、『酸』とはいえ細胞に対して低刺激……らしい」

と、私がパソコンを見ながらクリナに報告する。

「ふむ」

「しかも、皮膚の上層の角質層の結合力を弱める作用があるらしく、それゆえ古い角質が落ちやすくなる仕組み……らしい」

つまり、人の皮膚の表面に存在する角質というのは、28日周期で新しく入れ替わるのだけど、年齢やストレス、過酷な環境や旅先（このあたりは個人的な見解）なんかでは、その周期がだいぶ遅くなっていくのだ。

「シミは、メラニンがたまった角質というわけね」

と、クリナも自分のパソコンで調べて、

「古い角質をはがすと、肌が本来の状態になるから、シミを消そうという修復機能も働き始める」と続けた。

「とにかくフルーツ酸がいいのは、それで前より濃くなっちゃった！　なんて失敗事例がないこと……だって」と私。

「やって、マイナスになることがないのね」

二人とも同じタイミングでパソコンを閉じ、固い約束を交わすときのように、目を見て、それから黙ってうなずき合ったのだった。

待合室にいて、名前が呼ばれた。

手術を受けるときさながら、コットンの緑色のシャワーキャップのような帽子をかぶり、顔面写真を撮ってから施術室へと通された。

中にいらっしゃったのは、ストレートな黒髪が美しいオーン先生。どうも、「フルーツ酸といえば、オーン先生」として知られるほど、有名なフルーツ酸マイスター。多いときで１日10人の日本人女性を施術することもあるとか。

まず、顔のチェックをされる。そのときに、逆に先生の顔をチェックすると、毛穴もシミもない吸い込まれそうな絹のような肌をしておられる。

コレになれるのですか？

先生が、これから原液をつけるソバカスを念入りに見てくれているので、思わず、「先生、これも、これも、これも忘れずにお願いしますね！」と念を押す。

にっこりとそれを受け止めてくれた先生は、フルーツ酸の入った瓶を持ち、「じゃあ、そこに寝てください」とベッドのような施術台へと促した。

なんとなく、フェイシャルエステをしてもらうような感じで、先生が私の頭部の後ろ側に座り、いざ施術が始まった。

施術に使うものは、メスでも注射でもなく、爪楊枝のような棒？　いや、爪楊枝だったかも？　まあ、爪楊枝としよう。瓶の中に爪楊枝を突っ込み、フルーツ酸の原液をつけると、容赦なく、シミ・ソバカスの上にちょんちょんとつけていく。

つけてすぐ、1秒くらいは間があっただろうか。

「痛い！　痛い！」

横で見ていたクリナは、「え、何、痛いの？」と、意外という顔をした（と思う）。

「あまり痛いという情報はなかったけど……ぶるぶる」

痛いというよりは、ピリピリするというか、つけたところが、焼かれているような感覚。輪ゴムで局所的にパチン！　と弾かれていくような感覚ともいえる。

「な、なんてパンチ力があるのかしら！」と、声にはならない叫び声をあげる。

この、ちょんちょんがずっと続く。

ちょんちょん、ちょんちょん、ちょんちょん……。

終わったかと思うと、また、ちょんちょん、ちょんちょん……。

もう!!　いったいどんだけシミ・ソバカスがあるのさ!?

と、行き場のない怒りがこみあげる（自分に対してね）。

そして、気づいたら、〝ぶるぶるぶるぶる〟という音がしていて、ちらっと見ると、オーン先生自ら、小さな卓上用の扇風機を持って、それを私の顔面にあてている。爪楊枝で器用に原液をつけながらとは凄腕だわ。

しかし、なぜ扇風機？

あ、そうか、これは火傷してるってことなのね⁉

後で調べ直したところ、やはりフルーツ酸をつけることで、角質を軽い火傷状態にして表面をはがすらしいのだ。まあ、酸なのだし、火傷するのは当然か。

しかし、名前からして「フルーツ」なんて甘ったるい感じのくせに、非常にパンチ力のあるボクサーのようだったわ。「ココ！」というシミに、一発で決めてくれる。なら、いいけれど。決めそこなったら許さないわよ！

それでも、慣れてくるもので、最後のちょんちょんのときには、もっともっとやって〜という気がして、さあ！　私の顔面のシミ・ソバカスをそのパンチ力でガンガン吹っ飛ばしておくれ！　と気分は上々だった（私って、もしやドM？）。

それはさておき、痛ければ痛いほど、やっぱり効いた気がしてしまう貧乏性。効果をだすには痛みに耐えるべし、というのは過去に脱毛をしたときの経験からである。

今から12年ほど前、20歳になった頃、人生で初めて脱毛をしてみた（剃るのとは別）。箇所は脇の下。

当時流行ったパナソニックの美容家電製品の広告に使われていたセリフ、『きれいなおねえさんは、好きですか。』と言う松嶋菜々子の美しさにまんまと流されて、私も脇の下の綺麗なお姉さんになりたいと思った。

それで、電気式の脱毛器を買った。ローラーを脇にあて、くるくる動かして毛根から一気にムダ毛を引っこ抜いて脱毛するのだけど、私にはすこぶる刺激が強すぎた。

脇の下の毛穴から、ムダ毛と一緒に血がでた。憧れのきれいなおねえさんは、脇から血がしたたりホラー映画のようになった。当時の私にはいささか高い買い物だったのに、泣く泣く、脱毛器を箱にしまい、クローゼットの奥にしまったっけ。

その後すぐ、懲りずにレーザー脱毛にトライ。永久脱毛というのが流行し始めたときだ。今度こそは！　と期待して。

ところがレーザー脱毛こそ激痛だった。バチン、バチンと激しい閃光がムダ毛の毛根自体を破壊していくのだから、痛くて当然かもしれないけど、痛いのなんのって。しばらく朝も夜もムダ毛を呪ったくらいだ。

それでもがんばれたのは、絶大なる効果があって、通えば通うほどムダ毛がなくなっていくことが快感となったから。夏なんかは、ここぞとばかりにノースリーブを着て、「あ、お待たせ！」なんて派手に手を振ったりしたっけ。

「ほら、私の脇はムダ毛がないのよ〜！　みんな、見てちょうだい！」

なんて心で思いながら。だからといって、誰も人の脇の下なんか、見たくないだろうけどさ。

フルーツ酸の施術を受けながら、そんな記憶が甦って、私は楽々フルーツ酸のパンチを受け止めることができた。

施術が終わった後も、ぶるるるると回り続ける扇風機を渡されて、しばらく自分で顔に風をあてなくてはならない。そうしながら、今度はクリナの施術を見学する。

原液が彼女のソバカスにちょこちょことつけられる。

やはり１秒後、「痛い、痛い！」と彼女も騒ぎ始めた。眉間にシワの入った顔面に、先生はせっせと原液をつけ続けた。彼女も必死でフルーツ酸パンチを受け止めているところだろう。がんばるのだ、美の道は忍耐とともにあり。

施術後、二人とも卓上用の扇風機を顔にあてながら、先生の話を聞く。まず、フルーツ酸をつけたシミ・ソバカスがどんどん黒くなってくるという。それで焦ったり、触ったりしてはダメ。7日のうちに、シミ・ソバカスが瘡蓋《かさぶた》のようになって、ポロポロと自然にはがれ落ちてくるらしい。それまでは普通に日常生活を送り、化粧もできる。とにかく重要なのは、紫外線に絶対あたらないこと。

ぶるるるると回る扇風機のスイッチを切り、「わかりました」と返事をして施術室をでた。

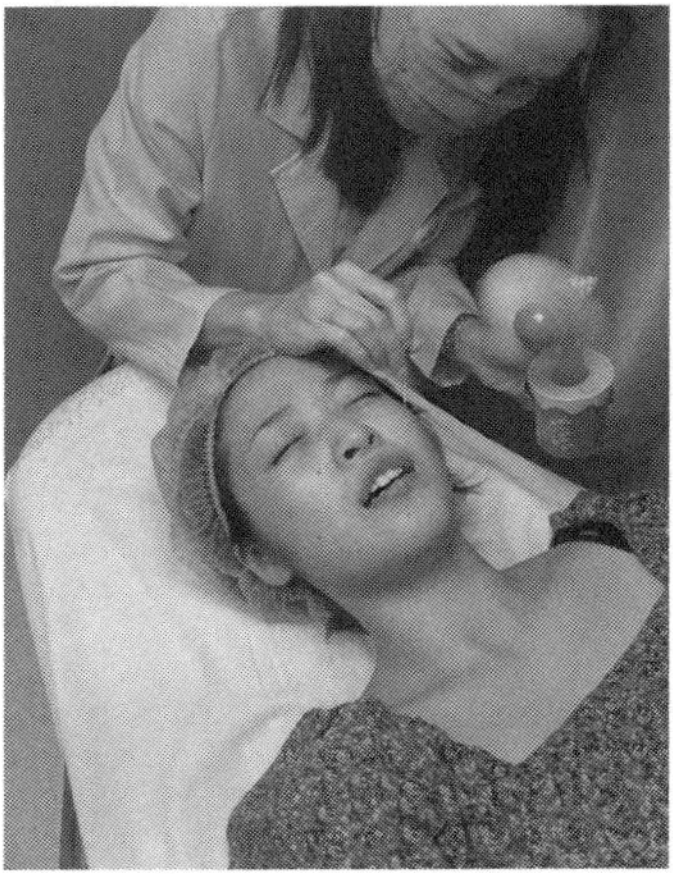

扇風機を持つオーン先生とフルーツ酸のパンチに耐えるクリナ

帰り、再びトゥクトゥクに乗って家へと向かう。もうすぐ、子供たちが学校から帰ってくるのだ。

なんだか、たいそうな手術を受けた後のように、ぐったりとして、しかしながら心地よい疲労感に満たされていた。7日後のシミ・ソバカスのなくなった肌が待ち遠しい。

長男が学校から帰ってきた。

「おかえり〜」と言うと、「どうしたの？」と顔を指さして言う。「どうしたの？」の前に「ただいま」でしょ〜？　と、気になって鏡で自分の顔を覗いてみた。

ぎゃあああ。

「ク、ク、ク……（リナ）、顔！」

キッチンで夕飯の準備をしていた彼女は作業の手を止め、二人でお互いの顔をまじまじと見た。

「ひえええええ!!」

そして、爆笑。なんと、顔にマジックでソバカスを書いたみたいに濃くなってしまっている！　しかも、これまでほとんど目立たなかったようなソバカスまでハッキリと濃く。当日でこんな変化があるなんて、驚きでしかない。

「ねえ、このままポロッと取れず、濃くなった状態で止まったらどうする？」

「え……一生、道化師として生きていくかな……」

爆笑した数秒後、我々は無性に怖くなってしまった。

多少、いや、だいぶ不安に襲われながらも、ひたすら7日間を待った。変化というと、さらにシミ・ソバカスの色は濃くなり、ほぼホクロのようになって、次第に立体的に浮きでてきた。それがさらに進むと瘡蓋のようになるらしい。

化粧は大丈夫と先生に言われた通り、毎日化粧はするものの、ファンデーションなんかで隠せるような濃さじゃない。

何度も心で祈る。

「どうかはがれますように」

7日が経った朝、顔を洗うと、ポロポロッと顔から瘡蓋が落ちた。待ちに待った、その日が来た！　ところが一度にすべてがはがれ落ちるわけではないらしい。引き続き「取れますように……」という祈りは続く。

10日ほどで、目に見える程度のソバカスが綺麗になくなった。毎日の祈りが天に届いた。神様、ありがとう！

マジックで塗った道化師のソバカスは消え、シミ・ソバカスのない綺麗な肌へと生まれ変わった。

とはいえ、よーく見ると、まだまだ性悪なソバカスはいくつか残ったままだ。たしか先生が、完璧にすべてを取るにはやはりレーザーで取るべきだし、フルーツ酸も1ヶ月に一度の施術をしばらく続けない限り、本当のソバカスのない顔にはなれないと言っていた。

というのも、一度紫外線を受けた色素は、またソバカスを作りやすい状態になってしまっているそうだ。だから、何度も続けないと、紫外線によってまた同じ場所にソバカスはできてしまう。

やはり、美への道のりはそう簡単にはいかぬ。けれど、一発での効果と、３０００円という費用を考えると、かなり満足な旅女なのであった。

ちなみに、サミティヴェート病院では、フルーツ酸ピーリングだけでなくて、レーザー治療によるシミ取りや顔のたるみをリフトアップさせるダーマリフト、酸素を肌の奥まで浸透させるオキシーライフ、ボトックスなどなど、さまざまな美容治療が整っている。いろいろやってみたいが、そう、焦る必要はない。いずれ、嫌でもすべてに挑戦する日はやってくるのだから……。

見た目が悪いほど、効果絶大なかっさマッサージ
——滞った体の血液を流して全身のくすみと疲れを取る

美しい体への一歩は、しなやかな体のフォルムを保つことは当然、健康な体でいることではないかと思う。

旅をしている間、ほぼ毎日よく歩くものだから、ほどよく筋肉はつき、なかなか悪くないフォルムを保つことができていると思う。

いや、ふくらはぎだけは多少筋肉質になって、太ももとあまり変わらない太さになってしまった。別に太ももが細くなったわけではなく、ふくらはぎの筋肉が発達しただけ。だから、これまた女性らしさとはかけ離れていったと思う。

どちらかというと、旅にでる前のほうが太っていたし、贅肉、皮下脂肪も多かった。だって、お腹が空いたと考える前にランチの時間になり、必要以上のカロリーを摂取。夜、当然

お腹が減らないのに、ディナーの約束へと向かっていた。

今思えば、ぞっとするほどの量を食べていた気がする。

旅はその逆、よく動くわりに、必要以上に食べることがなかったから、自然とダイエットができていたんだと思う。

ただし、ひとつ悩まされていたことは、血流の悪さだった。もともと寒がりの末端冷え性で、寒い国ではもちろん、冷房をガンガン利かせた常夏の国でさえ、私はずっと寒がっていた。

とくに海外では、なかなか体を温めるための方法が見当たらなかったから、ただひたすら、バックパックにしまいこんだ服を片っ端から重ね着するしかない。ゆっくり湯船に浸かるとか、腰やお腹を冷やさないようにホッカイロを使うとかもできない。

気づけば、世界にでて寒がりを克服するどころか、いっそう寒がりになってしまった。

たぶん、体のフォルム云々の前に、体に取り込まれる食事というのが、いかにも不健康だったということもある。旅を通して、私はすっかり肉食女になったし、揚げ物大好き女になった。バスや電車の移動にも、欠かさずポテチを買って乗り込む始末。以前なら、クッキーとかチョコレートを好んだのに。それも女子度が下がったということ？

いつしか世界のB級グルメに侵されて（それはそれで大好きだった）、体はすっかりパンチカのあるものしか求めなくなった。だから、たとえばマクロビオティックなんてものは、私には無縁のものだし、ベジタリアンの街にいると、数日でクラクラしてきそうになった。

運動だって、歩くことを別にしたら、ほぼしていないに等しい。長くなったけれど、つまり、食べる量こそ増えてはいないけれど、食べる質が変わったし、運動もしないので、なかなか不健康な体になっているのでは……と、常々思っていた。

たぶん、体の血液はドロドロしていると思う。

そもそも体が冷えるというのは、体に悪い。

「健康になるには体を温めましょう」

高校生のとき、保健の先生がよくそんなことを言っていた。その当時（10代）はまったく気にも留めなかった先生の言葉が、今になって重くのしかかる。

実際に、寒さから体が縮こまり、筋肉が萎縮して、時折激しい頭痛に襲われてしまう。もともと頭痛持ちで、すぐに嘔吐してしまう虚弱っぷり。それが年々つらくなってきていて、一度そうなると、なかなか治らない。だから旅先で、私はロキソニン（痛み止めの薬）が欠かせないのだ。

そんな話をすると、

「だったら『グアサー』をしたらいい」とクリナが教えてくれた。

「グアサー療法」というのは、水牛の角（グアサー）を使ったマッサージ療法のことで、もともと台湾発祥らしく、「かっさ療法」とも呼ばれる。

これは、皮膚の上からリンパの経路やツボに沿ってグアサーをごりごりと擦り、刺激を与えながらマッサージをする。すると、体の滞った血が流れ出し、毒素や老廃物を外へ排出しようとする活動が始まる。

今、私の体の血液中にはたくさんの毒素がたまり、ドロドロの血となって体内を流れて回っているに違いないのだ。おお、おそろしや！

まずは旅の間にたまった毒素や老廃物を取り出そう。そうすれば、血流がよくなって、少しでも末端冷え性が軽減されるかも？　そうだ、それがいい（その前に食事を見直せって？）。


すぐに、リンホーという名前のグアサーマッサージをやってくれるサロンへ電話予約をする。店の予約はたいてい、日本語でも理解してくれるところも多いし、そうでなければ英語でだいたい通じる。

「サワディカーップ」と電話の向こうで女性の声がする。

「サワディカーップ！　えっと……、アイ　ウォンツ　メイク　リザベーション　フォーグアサー！　トゥデイ！　ワン　オクロック！　マイネーム　イズ　ノゾミ！　センキュー！」

以上、無事に（簡単に？）予約完了。一応世界放浪している旅女、これくらいはできたいところ。

さて、午後1時に到着するように、電車に乗って、歩いて店まで向かう。常夏のバンコクは、日中からまったりとした空気が流れていて、道端の屋台でスパイシーなヌードルを食べ、ランチを楽しむ地元の人たちとすれ違っていく。いい匂い。

私は辛い食べ物が大好きだし、エスニックな料理も好き。見た目からして赤、緑、黄色と原色に近いようなタイ料理は、食欲が湧いてくる大好物の異国料理で、滞在中毎日食べたって飽きない。だけど、それが血流ドロドロの原因なのだろうか？

いや、屋台で辛そうなタイ料理を食べるタイ美女のスラリと健康そうな体を見ると、タイ料理に罪はなさそうに思える。

いい匂いを後にして、道を進む。

アジアらしい熱帯の木々が首都バンコクの随所にあって、裏道には木々の傍で赤やピンクの花が咲き誇る。そんな道を歩くことが幸せを感じる旅の瞬間。異国の街を好奇心のまま歩けば、あっという間に目的地に着いてしまう。

ところで、バンコクのスクンビットという大通りには、道の左右に入っていくソイ（Soi）という小さな通りがあって、すべて偶数と奇数で番号がついている。

たとえば「スクンビット ソイ30」に行くなら、スクンビット大通りに立っている「ソイ30」の看板を見て、その道へと入っていけばいい。「ソイ30」に並行する両隣の通りは、「ソイ28」と「ソイ32」という具合に片側が偶数、大通りを挟んだ反対側が奇数と、迷うことがない。

リンホーは、スクンビットソイ53にある。店は通りから少し奥まっていたので、最初はわかりづらかったけれど、「LIN HO」という店の看板がでていたので、迷わずに入っていった。ちょうど1時だ。

ガラガラと引き戸を開けると、中からお香のような癒しの香りが鼻に届いた。

「サワディカーップ」とお姉さんが出迎えてくれる。

「アイム　ノゾーミ」と伝えると、すぐに予約していることを理解してくれて、中へと通された。荷物を置いて、作務衣のような簡易服に着替える。

それからお姉さんがタライを用意してくれていて、私の足を中のお湯で丁寧に洗ってくれた。まあ、ここまではよくあるマッサージ屋さんと同じだと思う。

足湯が終わると部屋に通されて、ブラジャーを取り、紙パンツ一丁になって、うつぶせで待機していてくださいと言われた。

これから至福の時。いや、体のための時間だ。

予約したのは、「ボディマッサージ＋フットマッサージ＋グアサー」１２０分。値段のほど、９００Ｂというから、驚愕の安さ。バンコクにいる間、できるだけここのマッサージに通って、血流をよくして健康になろう！　という、人任せな性格に問題ありだけど。

そして待つこと2、3分ほどで、やってきた施術師は……イケメンだった。

がーん！

歳が30も過ぎれば、あまり恥ずかしいということもなくなった私。でも、さすがにイケメンに紙パンツ一丁で施術してもらうには、乙女心が羞恥心に覆われて苦しいくらい。

なのに、イケメンは「こちらは三十路の体なんぞ、何も気になりません！」という感じでテキパキと施術を始めた。なによ、少しぐらいはにかんでくれたらいいのにさ！　って、何を期待しているわけではないけれど。

簡単なマッサージも丁寧で、ツボをわきまえていて、かなり上手。というか、恥ずかしくて初めのほうの記憶がない。

やがてグアサーを使ったマッサージが始まった。一定のリズムを刻むように、水牛の角は私の首筋、背中をごりごりほぐしながら、リンパの上をすべっていく。すべるというか、かなり毒素がたまっているのか、私の耳にもはっきりと「ゴリゴリ」という音が聞こえてくる。

マッサージは強めが好きで、痛気持ちいいのが好みだけれど、ゴリゴリのグアサー療法は、かなり痛かった。体がどんどん熱くなり、内側から燃えていきそうになるのを感じる。

私の背中で、水牛が必死に闘牛士に挑み戦っているような感じ？

やがてイケメンは汗ひとつかかずに、要領よく一通り終わらせて、営業的な笑顔で「フィニッシュ！　センキュー」と言って部屋から去っていった。

ぼーっとしながら服に着替え、店を出る前に、イケメンにいくらかチップを渡しながら「ベリーグッド！」と言い放つと、ようやくイケメンのビッグスマイルをゲット。

道すがら、アジア特有の湿気を含んだ熱さの中、火照る体がこのバンコクで燃え散っていきそうだ。

家に着くと、「どうだった？」とクリナに聞かれたから、

「痛かったけど、すごくスッキリしてる。体のむくみもくすみも取れるって、お店のお兄さんに言われた」と答えた。

「そうなんだ。たしかに顔色いいね。というか、のぞの首筋やばいことになってる」

ぼーっとする中、洗面所の鏡でその「やばいこと」を確認しに行った。

…………。げ！（目が覚めた）。

左右の首筋の縦ラインが、見事に赤くなっている。もしやと思い、トップスを脱ぎ、背中を鏡に映す。

何これ！

背骨に沿って、左右に赤紫の縦ラインが入っている！　首から背中へと続く不気味な赤紫のあざは、知らぬ人が見たら誰かから虐待を受けたかのよう！

「クリナ、これ、見て」

背中を見せる。彼女と一緒に好奇心旺盛な3男児も見に来た。

「…………」

皆、絶句。

三男なんて、普通に怖かったらしく、泣きそうな顔をしている。あ、怖がらせて、ごめん。

グアサーというのは、体内に毒素や老廃物があればあるほど、体外にだそうと、それらが表面にあがってくるらしく、それが赤紫色のあざのようになって見えるらしい。

つまり赤紫のあざの出方は、体内の毒素や老廃物の量のバロメーターというわけだ。んーと、ということは……、私の体ってどんだけ？　もうそれ以上言葉にするのはやめておこう。

赤紫のあざは、意外にも3日ほどですっかりひいてしまった。やはり転んだり、ぶつけたりしてできる内出血のようなあざとは種類が違うらしい。

いずれにしても、ようやく私の体はスッキリと綺麗になった！　毒素や老廃物は体外にでた！　血流がよくなり、顔色も明るくなり、美へのリセットができた！

……ということで、いいんだよね？

けっこう、体張りましたけど！

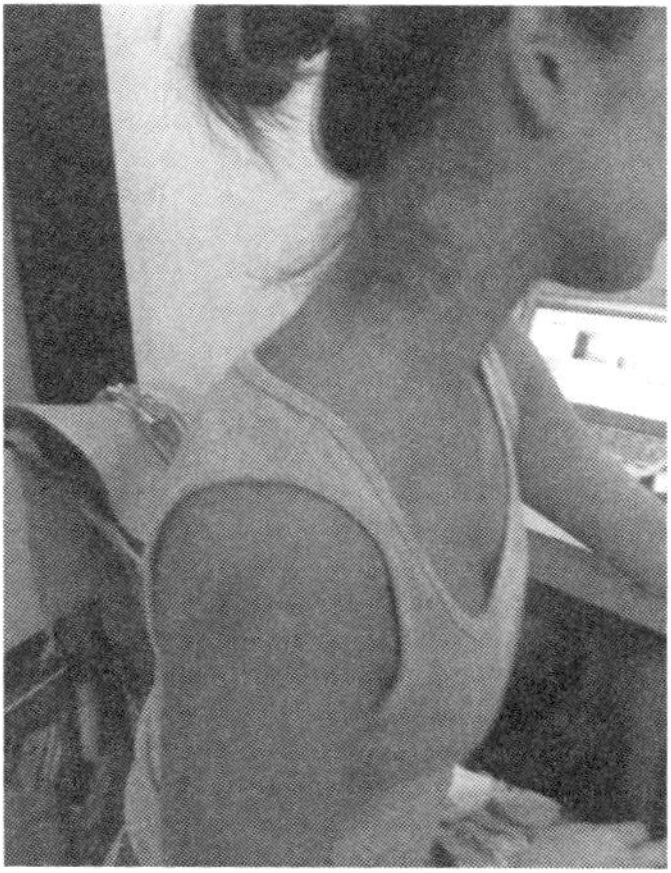

かっさマッサージ後、首筋があざのようになった

体にこびりついた強情なセルライトを除去
——不思議なマッサージ屋で、脂肪とともに体についたアレも取って、スッキリスリムに!?

バンコクで不思議な経験をした。

何をしたって、セルライト除去マッサージをしてもらっただけなのだけど、体内に張り付いた強情なセルライトを取るだけでなく、ついでに私の体についた〝生霊〟を取ってもらったのだ。

日本にいる間からバンコクに滞在している数週間、私はずっと体調が悪かった。たしかに、それは原因不明だった。

全身の血流の悪さゆえ、すぐに頭痛になってしまうのだけど、風邪でもないのにずっと咳も止まらなかった。バンコクに来てからは、時にぜーぜーと痰が詰まって息苦しいときもあった。

もちろん、グアサーをしてスッキリする日もあるのだけど、結局どこか根底にある〝何か〟が私の中にいる気がしていた。


その日、朝遅くまで家で寝ていて、起きたらクリナの置き手紙があった。

「買い物に行ってくる。午後2時頃に戻るから、出かけるなら2時以降に戻ってきてね」と。

今は、午前11時。ぼーっとするのは、寝すぎだろうと思い、少しぷらぷらと出歩いて、どこかでマッサージでもしようと準備をして家をでた。

相変わらず暑く、熱気と湿気を一度に感じる。とくに体のだるい日、湿気というのは少しだけ気持ちが悪い。


ブランチということで、家の近くの屋台で、地元の人に混ざって餅米マンゴーを食べる。もちもちの餅米の上にスライスしたマンゴーをどんと載せて、甘いシロップをかけて一緒に食べる。これが、たまらない！

基本的に朝からパンチの利いたカツカレーやラーメンを食べられる私だけど、時としてお腹に優しそうなフルーツ系のご飯というのもいい。体のだるい日にもいいし、何より、女子度があがりそう！　そう、この旅は女子度をあげるのが目的だったじゃない！

屋台にいると、地元のおばさんやバイクタクシーのお兄さんなんかも、持ち帰り用に餅米マンゴーを買って帰っていった。


それから、ぷらぷらと歩いて、時計を見ると12時半。2時までまだ時間がある。

ふと路地の奥に、日本語で「マッサージ」と書かれた看板を見つけた。なんとなく気になり、近づいてメニュー表のようなものを読むと、「セルライト除去」的なことが書いてある。

さりげなく、下っ腹の肉をつまむ。うむ、セルライトである。


もう何年か前に、東京のあるサロンで、「セルライトを撃退する!」というコピーのもと、引き寄せられるように店に入ったことがある。今と体重はあまり変わらないのに、見た目はもっと太っていた。つまり脂肪だらけの体だった。それを、当時は思い切り恥じていた。

美女になるのにデブは御法度!

そうして電流のようなものをお腹に流してもらい、腹筋100回程度やったような効果があって、それから脂肪を取るようなマッサージをしてくれる。

もちろん、そんなたったの1回で、セルライトなんて取れなかった。

それが旅にでて、すっかり私の価値観は一変した。

世界で見る美しい女性は、多かれ少なかれ体つきがよく、太っているというか、グラマーな体をしていて、けっして子供には見えない女性らしい丸みがある。素直に素敵に見えて、中学生のような幼児体型の自分が恥ずかしくも感じた。

だから、少しくらい脂肪もあって、華奢というよりはメリハリのある女性らしい体格になるのなら、多少太ったっていいわ！　と思っていた（でも結局旅をして太ることはほとんどないのだけど）。

だけれども、一方で、タイの女性というのは体が細く、しなやかで華奢。彼女たちを見ていると、なんだか忘れていた遠いあの日の感覚を思い出した。すると、体の細胞が訴え始めた。

「脂肪はいいけど、あなたのお腹は醜いわ」

醜い？　アラサーになって、下っ腹の贅肉、脂肪は一度ついたらなかなか落ちなくなった。逆に肩回りや鎖骨回りが痩せていくから、正真正銘の「下半身デブ」への列車に乗って走り出してしまっている。

それなのに旅中は恥ずかし気もなく、お腹に人の顔の絵を描いて、腹踊りしては相部屋になった他の旅女を笑わせていたっけ。ああ、楽しかった。思い出しても、笑えてくる。ふふふ。あはははは。

「いかん！」

思わず声にでた。それじゃあ、いかんのだ。


鼻息荒く、店に入る。

店内は少し薄暗く、なんとも怪しげではある。どうしよう、やめようかと（なんともあっさり）思い始めたとき、中から小太りのおばちゃんが顔をだした。少し無愛想だ。

「コンニチハ。あんた、一人？」

日本語と英語なんだけど、なんとなく美川憲一っぽく聞こえる。

「はい。あの、セルライト除去って、今すぐできるんですか？」

なぜか、彼女は私をゆ〜っくりと眺めてから、

「いいわよ」と答えて、「げふっ」とげっぷをした。

……すごいな、おばちゃん！

しかし、このげっぷにも意味があるとは思いも寄らず。

この店、いかにも怪しい。大丈夫かしら？　と思いながらも、どこかで面白いことが起きそうな予感もする。

実際、面白いというか、びっくりすることを言われるのだけど。

施術台はとてもシンプルな簡易ベッドで、布を1枚かぶせている。枕の代わりにタオルを三つ折りにしたものがあって、着替えがその横に置かれている。

おばちゃんがいなくなり、着替えを広げると、「ROCK!」と書かれた紺色のTシャツと、ピンクの短パンだった。誰かお友達の家に遊びに来て、部屋着を借りて着替えた感じになった。

しばらくすると、おばちゃんが入ってきた。

あ、あなた様が施術してくれるのですか？

「あんた、英語は？」

「少しなら」

ふーん、という感じで、ベッドを叩き「寝てちょうだい」と言われる。よくわからないけれど、うつぶせになると、いきなり足のふくらはぎからセルライトをつまみ始めた。

オイルやクリームをつけてマッサージするわけでなく、素手で私の素肌をつまんでいく。

親指とひとさし指で、つまみ、ぎゅっと力を入れる。つまむ、ぎゅっ。つまむ、ぎゅっ。

「ぎゃあああああああ!!」

おばちゃんは、容赦なくそれを続ける。

「セルライト……つぶすのよ！」

おおお〜！　つ、つぶしてくらさい〜〜〜〜〜！

足や腕、お腹の肉を指で押しただけで、ぼこぼこと浮かびあがるセルライト＝脂肪は、体の筋肉とくっついてしまっているから、燃焼しにくいのだそうで、肝心なことは「つぶす！」、そして筋肉からはがすことらしい。

その「つぶす」行為がつまむということだけど、太ももの裏やお尻なんて、最悪。超痛い。痛い、痛すぎる、涙がでた。

一度涙がでると、とどまることを知らず、ついに私は笑った。

「あっはっはっはっは」

ようやくおばちゃんが、「セルライト除去すると、だいたい二つに分かれるのよ。泣くか、笑うか」と言って、ぎゅ――――っと力をこめて素肌をつまむ。

「ぎゃ〜〜〜〜〜あっはっは」

おばちゃんのほうは、どでかいげっぷをする。何、この店、もうわけわからぬ。

このまま死んでしまうかと思ったとき、おばちゃんが意を決したように言った。

「何かプライベートであった？」

「え？（痛すぎてよく聞こえない）」

「だーかーら、プライベートよ、大丈夫なの？」

「大丈夫、だと思う」

もう！　痛いし、プライベートとか、いったいなんなのよ！　と叫ぼうとしたところ（というかもうだいぶ叫んでいるけど）、

「あんたさあ、ゴーストがついてるのよ、ゴースト。それも生きた人たちのね」とえらく難しいことを言うではありませんか。

私にゴーストがついていて、それも生きている。つまり、生霊ってこと⁉　しかも生きた人〝たち〟って複数形でしたけど？

「うーん、知りたい？」

あ、当たり前です！

「どういうことですか？」と、うつぶせのまま顔だけおばちゃんのほうを見ると、どこか遠くを眺める目で私を見ている。

「まあ、でも下心のある人たちよ、たいしたことないわ」

って、勝手に決めつけないでおくれよ、おばちゃん！

少し落ち着いてから話を聞くと、生霊というのは、生きた人の思いが強すぎて、それが自分という肉体を離れて、思いを寄せる相手（好きな人、恨みのある人、嫉妬している人など）へとすっ飛んでいき、くっついてしまうらしい。取り憑かれた人は、具合を悪くしたり、俗に言う「運気がさがる」のだ。

生霊というのは、時として死んだ霊よりたちが悪いから気をつけなさいよ、とおばちゃんは言った。

気をつけなさいと言われても。

「あなた、最近体調悪くない？」

ぎくり。

「悪いです」

「生霊がつくと、まず呼吸器系をやられるわよ」

「最近ずっと咳が止まらないし、すぐに痰が詰まる」（別におばちゃんの前で咳をしていたわけではなく！）

「でしょう？　それがひどくなると、下に下がって、子宮とか卵巣とかの婦人科系を悪くする」

「そ、そんな！」

「気をつけなさいよ」

だから、気をつけなさいと言われても！

「ねえ、どうしたら取れますか？」と聞くと、

「そうねえ〜。私、取れるけど」と言う。そして相変わらず大きなげっぷをした後、

「まあ、簡単に取れそうだし、さっきからもう、少しは取ってるんだけど……」

「取ってぇぇぇぇ」


というわけで、セルライト除去のついでに、生霊まで取ってくれることになった。しかも、おばちゃんがさっきから遠慮なしに、げーげーとげっぷをするのは、「浄化」しているからしい。

つまり私の体についた生霊やら悪いものを吸い込んで、それをげっぷで浄化してるんだとか。本気？

いや、私は編集の仕事をしていた頃、スピリチュアル関連の本を担当したときに、そういう「げっぷ」で浄化する人を他にも知っていた。だから、驚きはしない。

で、おばちゃんはどうやって取ったかというと、

「このまま同じマッサージを続けるだけよ！」

素肌をつまんで、ぎゅ――――っとしながら、一緒に生霊も吸い取ってくれるらしい。そしてげっぷで、おばちゃんの中から浄化する。施術中、げっぷのオンパレードよ。

もー、どこまで本当か嘘かわからないけど、

「あんた、こんな人に出会ったでしょう？」とか、

「あんた、こういうこと、言わなかった？」とか、

「あんた、自分の名前だして仕事してるでしょ？」とか、

どれもこれも「イエス」ということだらけだったから、絶叫しながらもすっかり信じてしまった。

ああ、旅の間にいったいどんだけの人、くっつけてきちゃった？　我ながら思い当たらないこともないにせよ、人の恨みや嫉妬、思い込みというのは甚だおそろしや。もちろんそうさせた自分に原因があることも、反省すべきだ。

そうして、地獄の（過去一番痛かったから）1時間半が終わった。すでに足や腕にはあざができているところもある。

「どう、体軽くない？」とおばちゃんに聞かれる。

そういえば、ぜーぜーと、喘息のように呼吸がしづらかったのが、スースーと呼吸できる。

不思議と体も錘《おもり》が取れたように軽い。

おばちゃん、すごいな……。

お会計を済ませ、「また来なさいよ」とまんまるの顔が笑って、恵比寿様のように見えた。

店をでて、歩きながら、あの店、あの時間はいったいなんだったのだろうと思えてきた。

この経験は、私がふらっと立ち寄ったマッサージ屋さんでの話で、未だに不思議なのだけど、正確な場所が思い出せない。まるで嘘のような時間に思えるけれど、その後ぴたりと呼吸器系の不調がなくなった。

なんだか『千と千尋の神隠し』のように、いつの間にか異次元にでも行ってきちゃった？

いかにも、アジア特有の喧噪の中、古さと新しさの入り交じる家々、細かい路地や迷路のように入り組んだ道、タイ人ばかりでなく、異国の人や野良犬や野良猫も行き交う街中で、ふとした瞬間にパラレルワールド（並行する異次元の世界）へすっ飛んでしまいそうな感覚に陥ることがある。それがバンコクという街なのだろうか……。

気になるセルライト？

やっぱり一度では効果ってでにくいとは思うのだけれど、なんとなく体の浮腫《むくみ》が取れたのか、体のラインがスッキリしたような気がする。膨張していた体が元に戻ったというか。体調もすこぶるよし！

「生霊が取れたからスッキリスリムになったんじゃないの？」

とクリナには笑いながら言われたけれど、それなら、それで、なおよし！

もう誰も、私に取り憑くんじゃないよ！

ただ不思議と、またあの「つまむ、ぎゅっ」が恋しくなってしまう。

それよりも、このマッサージ屋が本当にあるとして（あるはずだけど）、それも、さすが美容大国タイの奥深さという気がする。

脱・おばさんの一歩として化粧を見直す
――タイのプチプラコスメとタイ美人のメイクに学ぶ

バンコクに来てすぐ、リビングでクリナと話をしていると、長男が来て、私たちの写真を撮ってくれた。それを見て、二人して言った。

「ちょっと、もう一回撮り直し！」

その後も、もう一回、もう一回となって、しまいに長男はもうやだと言って自分の部屋に戻ってしまった。

「もともと写真写り悪いのよ、私はね」と言うと、カメラの再生ボタンを押して問題作を見つめるクリナが、「写りというか」と改まってから、

「お、ば、さ、ん」と呟いた。

え、最近話題のBBA《ババア》ってこと？　カメラを引き寄せ、

「不意打ちの写真写りが、こんなにおばさんに見えるのって、年齢のせい？」と問いかけると、彼女も黙りこくってしまった。

なんでも年齢のせいにするのはたやすいが、それを受け入れてはならぬ。彼女の沈黙を破るように、

「きっと歳を取ってきたら、ある程度きちんと化粧をしないとダメなんだよ」とクリナが言うと、

「たしかに、タイの女の子たちは、誰もがいつでもバッチリメイクをしているよ。そしてセルフィ（自分撮り）も大好き」と言った。

「タイ女性は美しく見られるための、気合いが違うのね」

私なんて、旅先でスッピンで街中を歩くなんて絶対にいやだったのに、何よ、気づいたら化粧してるつもりなのに、ほぼスッピンみたいなメイクになっていた。

「そうね、一度改まってメイクの研究してみようか」

「研究、それは美しい提案ね」

女子トークは止まらない。


旅をして、ナチュラルになるというのは非常に美しいことだとは思うけれど、まったく化

粧をしないというのはどうしてもできなかった。だから小さなポーチにいつも、ＢＢファンデーション（化粧下地と日焼け止めを兼ねている）とアイブロウ、アイライナー、チーク、口紅、マスカラという一式は持ち歩いていた。

とはいえ、ちふれ化粧品とかロレアルとかの、薬局で買えるようなプチプラなコスメティックだけど。だって、旅は移動のオンパレード、いつ落としたり割れたりするかわからないから。

それでも、どことなく適当なメイクになるのが旅先というもの。それよりも、毎日の刺激的な経験や出会いに心が満たされていたから、外見の美しさよりも、人間的な中身が成長していくことに、ずっとずっと喜びを感じていた。

そうして、外見はすっかりナチュラル化したのだけど、言い換えれば、それはただの外見を気にしなくなった「おろそかな自分」を許しているだけのことだった。

その夜、子供たちが寝静まった後、我々は持ちうる限りの（といっても私は例によっていつものポーチに入っているだけ）コスメティックをリビングのテーブルに広げた。

テーブルはピンクやオレンジのチークや、緑や青、シルバーのアイシャドウなどで、カラフルになった。

ほとんどクリナのものだけれど、あーでもない、こーでもないと二人は〝脱・おばさん〟をかけて、深夜までメイクの研究をしたのだった。

まるで、高校生のお泊まり会みたいで、心底楽しくもある。

「というかよ、タイの女の子のメイクって、見てよ（とパソコンを指さし）。すごいアイメイク！」

「そうそう！　日本人とタイ人のメイクの違いは、アイラインにあるらしいわよ」

たしかにインターネットで「タイ　女性　メイク」と検索してヒットした画像を片っ端から見ていると、ほとんどが「キャッツメイク」なのだ。

ものすごくハッキリと太く黒いアイラインを描いて、目尻のラインを上にピンッとあげる。もしくは、思い切り目の回りをぐるりとアイラインで囲ってしまうものまである。

アイシャドウにも、これまたキラキラ感満載でいくのがタイ女流らしい。まぶたの上、ア

手持ちのコスメを並べて、タイ美女画像を見ながらメイクを研究する

イホール全体に丁寧にキラキラな色付きアイシャドウを塗っていく。それだけで、「化粧してるわ！」という攻め感がある。

我ら32歳はというと、アイシャドウなんて、ベージュ色ならまだいいとこ、コンシーラーをまぶたにポンポンはたくように塗っておしまい。それから薄く細いアイラインを睫毛の間を埋めるように描くか、いっそアイラインをしないか。

アイラインをしない場合はせめてマスカラはしたいところだけど、ビューラーなんて使ったのは旅の前だから、もう3年以上前になる（私ね）。

私的に、「大人は口紅が勝負」という美学があって、20代も後半（アラサーと呼ばれる年齢）から真っ赤な口紅なんかを塗るようになって、それでもう十分「女」になったつもりだったけど、そんな美学も今はどこへやら？

「のぞ、ついでに前髪も少し斜めに下ろしてみたら？」

「こう？」

「そうそう、いい感じ。あとは表情が大事なのね！　ちょっとセクシーな顔して！」

「何、（タイ女性の画像を見ながら）こう？」

「いいよ、写真！」

まさかこの歳で夜な夜なセルフィにチャレンジするとは……。

なんだろう、ものすごく疲れるぞ。いや、やるのよ、そう誓ったのだから。

二人して、前方から、横から、斜め上から、斜め下からと写真を撮ってはプレビューを押し、写真に写る自分たちをチェックする。

「ここ、もうちょっとアイライナー濃く引いちゃったら?」

「えー、けばくない? もう32歳……っと、引くわよ! 引いちゃう!」

オリエンタルプリンセスの女子度高いバッチリメイクの店員さん

翌日、二人で意気投合というか、「もうやるしかない」と、さまざまなコスメのブティックを見て回ったのち、サイアムにある「オリエンタルプリンセス」のサロンに落ち着いた。結局2時間近くそこに滞在してしまった。

「オリエンタルプリンセス」は、〝東洋の美〟をコンセプトにしたタイコスメの老舗で、ハーブやフルーツなど体に優しい素材を使ったケアグッズ、コスメ用品が手頃な値段で買えるのが嬉しい。超高級品ではないのに、「オススメブランド」とタイ在住の日本人女性がこぞって口にするらしい。

小さなサロンなのだけど、メイクをいろいろと試せるコーナーがあって、我らはファンデーションから始め、アイメイク、アイブロウ、チーク、口紅とすべてを試しにかかることにした。

店内には、大量に美白クリームを買いあさる中国人のガールが数人いるだけ。こちらが何をしようが気にならない様子だし（自分の買い物に首ったけ）、こちらも気にせずせっせとトライ。

驚いたことは、コスメの安さ！　４色入りパレットのアイシャドウや刷毛つきチーク、６色入りパレットの口紅はどれも２９５Ｂだし、ファンデーションのパウダーで４１５Ｂと、日本のプチプラコスメとそう変わらない。

コスメの色数も多く、タイらしい華やかな色は日本のプチプラコスメにはない。口紅やチークなどのデザインもシックで大人っぽい。

そして、ニコニコと見守り続けてくれるお店のお姉さん。おお、やっぱり彼女もアイメイクがバッチリ！　しかも、チークもバッチリ！

お互い自由にメイクしながら、「どう?」「うん、いいね!」という感じに試行錯誤。

しまいには、店のお姉さんが、私に顔をかせと言って、

「この色のコンシーラーでクマを隠して、顔色を明るくするネ!」とベージュ色のコンシーラーを目の下にポンポンつけて、ぐいぐいのばし、

「これも、顔が明るく見えるからネ」と赤とオレンジの間くらいの色をした口紅を塗ってくれる。

「アナタ、とてもセクシーね」なんて言ってくれちゃって。

それからチークもポンポンしてくれて、気づいたら久しぶりのしっかりメイク。

そんな様子をずっと横で見ていたクリナも、ついに、

「のぞ、すごいよ、全然違う!」と首を大きく縦にふる。

本当? 私、鏡見ちゃうわよ?

テクマクマヤコン、テクマクマヤコン……。

「鏡のあの子は、誰ですか?」

素直に驚いた。本当に、アッコちゃんの魔法だわ、これ。

クリナが言う。

「ね、すごくなぁい? 全然違うでしょ!?」(↑失礼だな)

タイ人のお姉さんが、アイラインもやろうとオススメしてくれたのだけど、もうこれ以上は胸がいっぱい。

「お姉さん、また来ますから……」

お願い、魔法よ、解けないで！！！

もちろん、夜シャワーを浴びるとあっという間に魔法は解けてしまったけれど、大丈夫。私には、テクマクマヤコンの魔法のアイテムがあるのだから。今、ポーチには、肌の色、顔の印象を明るくしてくれるコンシーラーとチーク、大人の女の色気を演出してくれる口紅が入っている。

外観を磨くレッスン。三十路にして、初心に帰るのよ。

明日からのしっかりメイクで、バンコク散歩が楽しみだわ！

クーパーを守れ！——オス化による女性ホルモン減少で、バストがしぼむ＆垂れるのを食い止める

バンコクに滞在している間、日本から親友のカナがバンコクに来て、クリナの家で合流した。我々3人とも、同じ中学・高校出身で、一学年がそこそこの人数だったから、クラスは違えど、大抵お互いのことを知っている。まあ、仲良しな学年だった。

カナは東京でばりばりばりと働くキャリアウーマンで、このたび休暇を取ってヴァカンスにやってきた次第。

彼女とは、チュニジアの旅行以来久しぶりの再会だった。

2011年12月に私が日本をでて、アジアを回り、その後フランスを経てチュニジアへとうつり、そのとき遠路はるばる日本からチュニジアまで会いに来てくれた。

彼女もまた旅好きで、一人でふらっとチュニジアまで来てくれたときは、心から「ああ、

友よ」という言葉がこぼれた。

　それから1週間ばかり、灼熱の太陽が肌をさす、黄色いサハラ砂漠をラクダに乗って旅したり、オアシスのキャンプに泊まったり、カルタゴ遺跡やエルジェムの円形劇場を見に行ったりと一緒に過ごした。

　なんでか、恋人たちと過ごした時間よりも、女友達と過ごした時間というのは、いっそう鮮明に、大切な宝物として記憶に残っていることが多い。


「のんち（カナにはそう呼ばれる）、久しぶり！　うわ〜、すっかり焼けてるね〜。相変わらず！」

「そう、それがいけなかった。すっかりオス化した。肌とか、髪とか、ファッションとか。せめてゼロまで戻そうとがんばってる」

「あはは、ワイルドになったけどね！」

「だーかーら、それがいけなかった」

「チュニジアのときも真っ黒だったけど、それでいいって言ってたじゃない。いけないの？」

「カナさんよ、私さ、編集者時代、『アイドル小林』なんて担当していた著者に呼んでもら

 っていたのに、今じゃ裏で『ワイルド小林』って呼ばれてるよ！」

「まあまあ、長期の旅でずっと女子度高くしてるなんて無理っしょ！　そもそも、小林さん、すごく変わったと思ったもの……」


そう言って、彼女は懐かしい話をしてくれた。何って、チュニジアの安宿で、洗濯をしようとする私は、洗面台でブラジャー、パンティ、靴下、Tシャツを一度に洗い始めた。しかし、チュニジアのその安宿には、洗面台の排水溝に、水をためるための栓がなかった。

「そしたら、のんち、洗濯物の中からパンティを取り出して、くるくるまるめて排水溝に突っ込んだじゃない。『これで水がたまるから』って、真顔で言ってたよ。びっくりしたよ！」

「ダメなの？」

「あたぼーよ（女子校特有のおっさん言葉）！　だって、パンティって、最も衛生的にしたいものなのに、最も汚い役目を担わせて、他の洗濯物の犠牲にさせてさ。せめて靴下を突っ込め！」

なるほど。言い得て妙だわ。

いや、納得している場合じゃない！

「反省してます。でもさ、そういう意味では潔癖性ではないんだろうね〜」と言うと、

「こらこら、正当化するな、ねーさん。女性としての品行の問題や」と諫《いさ》められた。

まあ、何度も言うけれど、長期の旅は、多少のことを気にしてたらやってらんないのさ！　けれども、今私は再び気品のある美（オンナ）を取り戻したいのだから、ひとつずつ見直していこう（なんか目的レベルがあがった……？）。

彼女との再会によって、自ずと見失っていた美に気づかされることになった。

数日後、カナと一緒にプーケット島へ飛んだ。バンコクからタイ国際航空の国内線でひとっ飛び。

プーケットはその時期レイニーシーズンで、時折スコールが滝のように降り、もはや外出は傘では間に合わず、レインコートをかぶって歩いたくらい。

それでも雨の止んでいるときは、とにかくうだるような湿気と暑さを感じながらも、激辛のタイ料理を食べたり、フレッシュなフルーツジュースを飲んだり、土産物屋をぶらついたりした。

ふと、ビーチを歩いていると、ツアーエージェントの店先に、「ピピ島・バンブー島・マヤベイツアー」という看板があちこちにあるのが目についた。

「ねえ、ピピ島ってたしかすごーく海が綺麗なところ?」

「そうだよ、真っ白な砂浜、透明な海！　行ってみる?」

そこで、いくつかのエージェントを回り、内容のチェックと値段交渉をして、納得のいくところで翌日のチケットを買った。

内容は、映画『ザ・ビーチ』の舞台になったピピ島のマヤベイ、モンキービーチ、バンブー島を周遊する船に乗って、それぞれの島に30分や2時間など滞在して戻ってくるというもの。ピピ島でのランチビュッフェも込み。

タイは世界的にも美しい島、青く透明な海があると有名で、多くのダイバーがその海に魅了されている。


その夜、ホテルのシャワーを浴びたのち、部屋で水着に着替えて寝ようとすると、カナが聞いてきた。

「ねえ、のんち。不思議なんだけど、なんでもう水着着てるの?」

「え、明日海で泳ぐから」

「そうだけど、早くない?」

「え、私、長期の旅行中なんて、大抵は下着が水着だよ」

事実、プーケットには3種類の水着しか持ってきていなかった。毎日洗えばいいと思っていたから。

「…………」

しばしの沈黙の後、カナはタイに来てから一番の声を張り上げた。

「バカモノ！！！！」

びくん！

「（おそるおそる）……なんで？　ダメ？」

「あんた！　それでもオンナか！（でた、女子校特有のヤンキーモード）」

すっかりおびえた私は、地声も小さいのに、さらにか細い声になって言い訳をした。

「だってね、聞いてくださいまし。水着を下着代わりにするとですね、洗濯も楽！　すぐに乾くし。宿の部屋や屋上なんかで洗濯して干しても恥ずかしくないし。それに、いざ『ここで泳ぎたい！』なんて海に出くわしたとき、即行で泳げるんですよ？」

と言うと、カナは「それは理解できるけど」と言いながら、「あんた、おそろしいことしてるよ！」と言い放った。

「女子的に三十路も過ぎれば体もたるむ！」

「そ、その通りです」

「ちゃんとした下着をつけないと、クーパー靭帯が切れて、おっぱい下がりまくりだよ!? 垂乳根《たらちね》になりたいか!?」

話を聞くと、「クーパー靭帯」のメカニズムを知らなかった私は、とんでもないことをしていたらしい。それも1年以上の時間をかけて!

クーパー靭帯は、コラーゲンでできた繊維の束で、乳腺や脂肪をまとめて支えていて、皮膚や筋肉につなぎ止める役割をしている。

女性のふくよかで上にあがった形のよい胸というのは、乳房全体を支えているゴムのように弾力性を持つクーパー靭帯のおかげなのだ。

それが、上下の激しい揺れをともなう状況、運動などをすることによって、コラーゲンが主成分の靭帯は、簡単にプチっと切れてしまうらしい。そうすると、おっぱいは垂れていくのみ。

だからこそ、ブラジャーのワイヤーでしっかり胸を固定し、肩ひもで上に引き上げるというのは、おっぱいが垂れるのを防ぐ、実に理にかなった仕組みらしい。

「いい? 切れたクーパーは戻らない! 覚えておきなはれ!」

「ク、ク～～～パァア」

長期の旅の間、何も気にせずに、私は平気でプチプチとクーパー靭帯を切っていたではないの。

　私の頭に、プチプチと切れてしまった切ないクーパー氏の映像が映し出され、それから寂しげな『垂乳根女』のビジョンが浮かびあがった。ぞ、ぞぞぞ。

「私のおっぱいは、垂れたの？」

「間違いなく」

　部屋の隅っこでいじけたくなる。

「まあ、だからとにかく洗濯とか楽とか言う前に、ブラジャーをしなさいよ。ただでさえ、旅は女性ホルモン減少するんでしょ？」

「は、はい――」

　うなだれる、垂乳根の乙女。そう、女一人旅というのは必要以上に防御意識とか、強くたくましくあろうとするゆえ、女性ホルモンが減少する。気づけばおっぱいがしぼんでいく。すなわち、それがオス化ということなのだけど。

　女性ホルモン減少のうえ、これ以上垂れるのはご免よ。プーケットからバンコクに戻ったら、下着を買いに走ろう。ひそかにそんな決意を固く持ち、夢の世界へと入っていった。

　翌日は、すこぶるいい天気だった。

ところが、1時間もするとスコールが降り、また晴れる。やはり雨期のアジアだ。

船は約束の時間に出航した。乗客は欧米人やアジア人など合わせて30人ほどいたと思う。船の中で、その日の行程など説明を受けたのち、皆に渡されたのは、黒いビニール袋。最初は環境汚染を防ぐためのゴミ袋かと思った。

そうして、ピピ島のマヤベイに上陸。美しい浜辺を堪能したのち、30分足らずで船に乗って、ランチするレストランのほうへと向かう。

ちょうどそのあたりから、天気は雨になり、1時間ほどで止むスコールかと思っていたら、ランチが終わっても止まない。

すでに水着も着ているし（ほら、下着が水着だと楽なのよ！）、濡れたって気にしやしないのだけど。

ところが、船に乗り、次の島へ向かったところ、船の中は地獄絵図になった。大雨のせいで高さのある大波が船を揺らし始めた。

そもそもが小さく、屋根はあるものの半分オープンな船体は、時折海水のしぶきが船内に入ってくる。

欧米人や中国人があっという間に船酔いをして、黒いビニール袋を口にあて、苦しみに耐えようと必死の様子。そのうち、げろげろと戻し始めた。そのかほりに引きずられ、お隣さんもげろげろ、向かいの美女もげろげろ。

ああ、この黒いビニール袋の使い道……、初めに渡されたところを思うと、毎度のパターンなのかしら。

おそろしや、これぞ地獄というものか。巻き込まれてはならぬ、けっして！

私は叫んだ。

「カナ！　あの遠くの島を見るんだ！　目を離してはならぬ！」

遠く、海に浮かぶように見えていた島が視界から消えると、

「カナ！　雲を見るんだ！　目を離してはならぬ！」

流れ行く雲ではあるものの、どこか遠くの一点を見続けなければ酔ってしまう。

船はいよいよ激しく上下に揺れ、海面にぶつかるたびに、パンッ、パンッと音をたて、時には椅子からお尻が飛び跳ねてしまうほどの衝撃が来る。すると、カナが叫んだ。

「クーパーを守れ――！」

ハッ！　この激しい上下の揺れに合わせて、プチッ、プチッと、クーパー靭帯が切れる音がする！　こ、これは死守しなければ！

「クーパーを守れ――！」カナの号令を復誦する。

荒波、強風の中、激しく揺れる船体の中で、椅子に座りながら片手で柱にしがみつき、も

う片方でおっぱいを押さえる三十路二人。もちろん、視界の先は遠く不動の島や雲を見続ける。睨み続けるというか。その間も次々に犠牲者は増えていく。

目の前のオーストラリア人の美女なんて、黒いビニール袋を口にあてながら、彼氏にぶち切れ、八つ当たりしている。彼氏も若干機嫌が悪そう。まさかのプーケット離婚みたいにならないでよ？

数分後、「バンブー島には行かず、プーケット島に直帰する！」というキャプテンの号令がくだり、にわかに拍手が沸き起こった。たしかに、このまま次の島へ向かったら、帰る頃には全滅間違いなし。

それからプーケットの港に戻るまで、我ら二人は耐えに耐え、船酔いもせず、クーパー靭帯も（たぶん）守りぬき、無事に上陸した。


この強烈な出来事は、鮮明な記憶として私の中に留まり、以降けっしてクーパー靭帯を切ってはならぬという使命感を持つこととなった。それは美のためにはあってしかるべきだから、これもタイの海に感謝する。

すでに失われたクーパーたちは永久に戻ってはこないけれど、これ以上失うわけにはいかない。というか、できるだけギリギリまで守ろう。

ちなみにバンコクに戻り、真っ先に下着を探しにあちこち行ったのだけど、驚くほどサイズがなかった。というのは、体の細いタイ女性、彼女たちのほとんどはAカップでアンダーもすごく細い。

さすがのオス化した私のでも収め切れず（どちらかというとアンダーがきつい）、結局私を救ってくれたのは、バンコクにあるユニクロ。

ワイヤー入りではないのだけど、やはり日本人には日本人用のサイズがしっくりとくる。サイズがぴったりというのが、まずはバストをしっかり固定する前提。バンコク滞在中はひとまずユニクロにお世話になることとなった。

（※「垂乳根」は、「垂乳根の」という母親にかかる枕詞が「垂乳根」という名詞に転じたもので、母親や本文のように乳が垂れた女を指す言葉ではございません！）

女性らしい身のこなしレッスン
——ミニスカート美女に習う、バイクタクシーを白馬に見せる乗り方

バンコクの街中で出会うタイ女性を見ていると、いやでも彼女たちが美に対して格段高い意識を持っていると気づかされる。日本の女性だって、身なりは綺麗だし、きちんとオシャレや美容に気を使っていると思うのだけど、何がそんなにタイ女性を見て「美意識が高い」と思わせるのだろうか？

その答えにもなろう出来事があった。

カナと一緒にバンコク市内を観光していたときのこと。

翌日日本に帰国するカナがお土産を買いたいというので、セントラル・ワールドというBTSサイアム駅とチットロム駅の間にある大きなショッピングセンターに行ったその帰りだ

った。

　タクシーに乗り、次なる目的地の場所を告げたのだけど、運転手の若いおにーさんは、「ＯＫ」と言うと、いきなりかかってきた携帯電話で延々と話し始めた。

　ちゃんと、目的地に向かっているのか気になって（なんとなく地理がわかっていたから）、途中何度か「おにーさん、大丈夫？」と聞いたのだけど、そのたびにミラー越しに「大丈夫だって！」といったジェスチャーをする。

　そうして、おにーさんの電話が終わったかと思うと、あろうことか再びセントラル・ワールドに戻ってきていた。

「ちょっとおに――さん！」と言うと、

「ノープロブレム！」といささかヤバいという感じの顔で答えて、またどこかへ向かおうとするので、少しドスの利いた声でもの申した。

「ねえ、なんでセントラル・ワールドに戻ってきてるのよぉ？」

　するとおにーさんたらヘラヘラと笑いだして、

「ノープロブレム！　へへへ」とくるじゃない。

　へへへ、だと？　ここで笑うか？　プッツーン。

「あ、のんちが切れた」とカナ。

前にも一緒に旅したチュニジアで、私がタクシーの運転手と喧嘩しているのを横で見て、「のんちがんばれ！」と声援を送ってくれたことがある。なんだって、海外のタクシードライバーって、こーゆーヤツがいるのだよ？

今回もまたカナが、「どうぞ、言っちゃって！」と背中を押してくれるものだから、心置きなく文句を言うことにした（文句というか、命令？）。

「そこ！　止まって！」（すでに日本語）

「オーマダーム」（困った顔のおにーさん）

「止まって！　あんた、乗ったところに戻ってどーする？」

「大丈夫、今度はちゃんと行くから！」（少し強気にでる）

「今度なんてないわよ。いいから止まりなさい！」（渋滞でのろのろ運転のところ、後部座席のドアを開けようとする）

「危ないじゃないか、やめとくれよぉ～」（かなり弱気）

「だったら、止まって！　側道によってよ！」

タクシーは側道に止まった。

ドアを開け、カナが先にでて、私が降りる。ああ、なんてこと、セントラル・ワールドからちっとも離れてないじゃないの！　この30分はいったいなんだったのよ？

今振り返れば、何もそんなカッカしなくともいいだろうに……と自分を諫めたい気持ちが湧くのに、その瞬間はもう反射的に言い返したり、文句を言ってしまう。そうでないと、なめられる（一応危険のなさそうな相手か、瞬間的に判断している）。

それが、長い旅の間に培われた豊富な男性ホルモンの成果。前にもメキシコのシャーマンに、「キミはライオンだ。がるるるる」と見るなり性格を言い当てられたことがあった。そうだ、こうやって私は世界でオス化していった。

カナとせっかくだから、モーターサイと呼ばれるバイクタクシーに乗ることにした。渋滞の間をするすると通り抜けてくれるし、日中のこの時間はそのほうが速い。

バイクタクシーのお兄さんたちは電車の駅付近にいるので、そこから目的地を告げて向かう。

バイクの後ろに跨《また》がりお兄さんの肩をがっちりつかんで落ちないように気をつける。「行くぜ！」と言って、バイクは道路のど真ん中を進む。渋滞の車の間をするすると走るのはなんともスリリング！　あっという間に目的地にも着いてしまった。

「お兄さん、助かったわ！」と言うと、

「おう！　また使ってくれよ！」と言ってブルブルと去っていった。ああ、爽快。

翌日、カナが日本へ帰った。帰り際、「のんち、相変わらずバンコクでも男気にあふれていたわ！」という言葉を残し……。


その話を夜クリナにした。

「バンコクのタクシーは、ほとんどメーターを使ってくれるし、子供がいたりするとすごく優しいんだけど、たまにそういうのがいるね」

彼女が作ってくれた日本式カレーを食べながら話す。

バンコクは日本人が4万人ほど滞在しているからか、日本食材を売っている店が多く、大抵のものが手に入る。日本料理屋さんも多いし、場所によっては、ほとんど日本語の看板やメニューの店が並ぶところもある。そんなところは、〝リトルジャパン〟と呼ばれたりもしている。

街を歩いていて、日本語を話す人々（つまり日本人）とよくすれ違う。屋台にもいるし、レストランにもいる。タイ女性を恋人にするおじさんなんかも。観光客か在住者かまではわからないけれど、バンコクは本当に日本人が多いのだなと感じる。

子供たちが食べ終わったカレーのお皿を片付けながら、「で、バイクタクシー、大丈夫だった？」とクリナに聞かれた。

「もちろん、でもけっこうスリリングだね」と言うと、

「で、どう座った？」と聞いてくる。どう座ったも何も、

「跨がった」と答える。

「だよね。それはね、いかんのよ。タイの女性たちって、絶対にお姉さん座りで乗るんだよ。ミニスカートでも乗ってるもの」

「え？　跨がないの？」

「跨がない。後ろのシートに横座りするの」

「私、思い切り跨いだ」

「タイの女性は身のこなしが『女』なのよ」

「私、身のこなしが『男』だった？」

「男だね」

さらに、彼女たちは、けっしてバイクタクシーのお兄さんの肩をがっつりつかまないらしい。

「お、落ちないの？」

「それが、まったく。女の子らしく見える。バイクが白馬に見える」

翌日、バンコクにいる大学の先輩と会う約束をしていたので、さっそくバイクタクシーに再チャレンジすることにした。もちろん横座りで！　三十路旅女のビューティ・レッスンと

でもいおうか。

その前にしばし街を観察すると、たしかにタイの女性は、ミニスカートを穿いた若い女性も、ズボンを穿いた太ったおばさんまでも、横座りをしている！　驚くことに、座ったまま両手を離して、ロングヘアーをかきあげたりしている！　な、なるほど……。あんな感じで座るのね。

その日はミニワンピを着て、下は水着用の短パンを穿いていた。いつもなら、それで安心してたとえミニワンピだろうがガバッと後部シートに跨がり、がっつり運転手のお兄さんの肩につかまって「レッツゴー！」と言い放っていたところ。

今日は、しおらしく横座りしてみる。タイの道路は左側通行だから、乗るときは左側から。横座りだと、左を向いて座ることになる。

もちろん、いきなり両手を離して、かっとばすバイクに乗るのは無理。なので、お兄さん

バイクタクシー横座りも初めは不安定、だけど女らしく見える？

の肩はつかまず、右手はお尻下辺のシートの下をつかむようにして、左手はシートの一番後ろの下をつかむ感じでスタンバイ。

「行ってくださいませ」と言う。

「オーケー、お姫様！」

え？　お姫様？　なんて、言ってないし。

でも、なんだかお兄さんの対応が優しく感じられたのは気のせい？　世界共通で、女性らしい女性には男性もお優しいのかしら？　たしかにバイクタクシーが白馬に思えるじゃない？


オシャレなカフェ〝カルマカメットダイナー〟でランチをしながら、

「タイ女子って、あからさまに『女』を意識した立ち居振る舞いをしてるんだよ」と、バンコク滞在中の先輩、るみちゃんもそう言った。

彼女は旦那さんの仕事でバンコクに来てもう2年目になるという、いわゆる駐在妻。学生の頃から変わらない白い肌が眩しい……。

「攻めてる、彼女たちは」とるみちゃんは言う。

ここで勘違いしてはならぬのは、「攻める」はその言葉からイメージされるような、がつがつ男性を意識して色気むんむんで近寄るとか、アグレッシブに行動するとかではなく、むしろ、一歩ひくとか、凛とした姿勢を見せるとか、気品高くプライドのある立ち居振る舞いを披露するということのようだ。

たとえば、スタイルがよいスラッと長い足をさりげなく見せるとか、綺麗な髪をさらさら揺らしながら歩いて、さっと髪をかきあげたりするとか。タイのお金持ちのOLさんは定期的にシミも取るし、美容室にも足しげく通う。

異性にたいしても、目が合ってもすぐにそらすとか、気のないふりをして一瞬微笑むとかのやり方もうまいらしい。

そうして、「タイ女性は美意識が世界でもトップクラス」だと異国の女子たちは感じるのだ。もちろん、男性陣もそんな彼女らにメロメロになる。

「ただし、そこからがすごい」と、るみちゃんは続ける。

「気の強さでも、ピカイチなんだよ、タイの女の子は。一度手にした獲物は逃がさない」

そういえば、タイの女の子と付き合ったことのある男友達が、「もう、疲れた……」と呟いていたことがあったっけ。

毎日5、6度は電話をしないと怒られるし、女友達と会うだけでも、怒り狂う。束縛と嫉妬にかけても世界トップクラスではないかと、彼は言った。

「それでも、華奢でついつい、守ってあげたくなる」らしい。

ふむ、どこまでも見習っていいわけではないけれど、旅をして失われた女性としての立ち居振る舞いには、やっぱり学ぶところは多いのではないかと思う。

「でも、慣れだよね。彼女たち、小さい頃からバイクの前後に乗りなれているもの」

タイではお金持ちはもちろん車移動だけど、そうでなければ一家にバイクが一台はあって、それを家族３人や時として４人で乗ったりするという。そんな器用に乗りなれているとしたら、たしかに後ろに横座りの両手離しなんて、序の口もいいところだろうよ。


帰りも再びバイクタクシーに乗る。そう、乗りこなすには慣れるしかない。

「じゃあ、行きますよ、お姫様（と、やっぱり聞こえる）」

行きよりもだいぶ楽に乗れるようになった気がする。渋滞の道、なかなか前に進まない車やバスの間を縫うように、通り抜けていく。うふふん。周囲から見たら、私はきっと身のこなしの美しい女性よ〜。と、調子にのったところで、バイクタクシーは道を曲がり、思わず腹筋と背筋に力がこもる。

ふう、美しい立ち居振る舞いの一歩は、筋トレから始めなければ。ああ、美というものは一日にしてならず。

旅先で、イケイケのファッショニスタになる
——プチプラファッションで着てみたい服にとことん挑戦する

旅を始めたばかりの頃、毎日の着替えをどうしようか考え、結局無難な無地のTシャツや長袖シャツ、デニムのパンツなんかをバックパックに詰め込んだ。それが一番飽きないと思った。1年ほどの旅を考えているので、シンプルなほうがどの国でも溶け込めるだろうって、そう思っていた。

だけど、最初にアジアを旅したときに、早々に後悔した。蒸し暑い中、デニムを穿くのは苦痛、洗濯するのも生地が固くて大変だし、すぐに乾かない。それに旅先で売られている服は異国情緒たっぷりで、それをうまく着こなしている西欧人のバックパッカー女子に出会うと、とたんに今穿いているデニムやTシャツを脱ぎ捨て、そっちのオシャレな世界に行きたくなった。

そうして、とうとうデニムやらもう着ないシャツ類を日本に国際郵送したのが、タイでのことだった。捨てるには忍びなかったし、ある程度値段も張ったわけだし、タイからお土産などと一緒に実家に送ることにした。ああ、スッキリ！

それからは、パラダイス！　バックパックに空いた分だけ、新しい服を買った。そのとき、タイの服のオシャレさにテンションもだいぶあがり、とても興奮した。

もちろん、同じ服を日本で着るかといったら、無理。赤いひらひらのベリーダンサーが穿きそうなエキゾチックなパンツや大輪の花柄のアラジンパンツ、ぴちぴちのキャミソール、エスニックな柄のコットンワンピなどなど。これは熱帯アジアだからこそ、似合う服。旅中だからできるのだ。

そうして、気づけば私は異国を渡り歩く旅人らしい格好をするようになった（と思う）。タイやラオス、インドなんかではとにかく洋服が安いから、旅中すぐに汚れたり破れたりしたってかまわない。惜しみなく着ては、ボロボロになって捨てたり（というか、すぐにダメになった）、誰かにあげたりしながらファッションを楽しんだ。

ところが、それはいわゆる「旅人ファッション」であって、旅している私はテンションがぐんとあがるのだけど、美しい格好か、女性らしいかと言われたら、甚だ疑問という感じ。

それをこのたび、クリナにもはっきりと言われた。

「のぞ、バンコクで、もっと〝普通の〟女子度あがる服を探そう」と。

バンコクは現在ものすごい建設ラッシュで、高層ビルや大きくて斬新なデザインのビルがどんどん建てられていくけど、その中でもファッション系のビルは多い。

最先端のオシャレが網羅されたデパートやファッションモールがたくさんある。ローコストからハイコストまで、品数も豊富だし、なんたって店の数が多い。

ハイコストなブランドやセレブ御用達のメーカーとしては、サイアムにあるセントラル・ワールドやサイアム・センター、サイアム・パラゴン、アソークにあるターミナル21やチットロムにあるゲイゾーンなどが人気がある。

だけど、ほとんどは観光客向けの商品だから、値段設定や常夏なのにブーツやレザーコートが売られているということに違和感がある。

私みたいに、もっとローコストで今すぐ着たいという場合には、タイの地元っ子も行くというチットロムにあるザ・プラチナム・ファッション・モールが、流行ファッションが激安でオススメ。日本や韓国、その他の国からも多くのバイヤーがやってきて、大量に洋服や靴、アクセサリーなどを買っていくらしい。

平日の午前中、クリナと一緒にプラチナムに行ってみることにした。

ＢＴＳチットロム駅から10分ほど歩くと、巨大なショッピングセンター「プラチナム」に着く。建物が1、2、3ゾーンに分かれていて、それぞれ7階建て。各フロアにある店の数といったら驚くほどあって、通路の両側に小さなスペースの店が横にずらーっと並び、それぞれに個性をだしている感じ。それに、平日だというのに激混みだ。

欲しい服を買おうか悩んで、「後でもう一回戻って考えよう」なんて普段はよくやることだけど、おそらくここではそんな余裕はなさそう。

「ねえ、欲しい服があったらどんどん買おうか」

「逃がしたら、最後。もうその店に戻れないよね」

そこで、「いいな！」って服があれば、迷わず買っていくことにした。だって、値段なんかも「１００Ｂ」とか「２５０Ｂ」ばかりで、ちょっと高いのでも「５００Ｂ」なのだから、後で後悔するよりは、手に入れるのだ。

ところが、32歳の二人、なかなか着られそうな服が見つからない！　ここは若者向けのファッションモール。そりゃあ30代にはキツいだろうよ。

だけど、そこは旅よ、冒険よ。32歳だって、着てみたい服はあるのよ！　普段絶対に着ないけど、ちょっと挑戦したい服ってあるじゃない？

流行の短い丈のトップスでおへそだしてみたり、スリットが入ってたりスケスケ生地のパンツやスカートでセクシー系に走ったり、ふりふりのリボンがついたワンピースとかミニワンピでラブリー系になったり、ハードロックなTシャツでクール系を気どったり……。

うーむ。私はいったい何になりたい？

それでまず、日本では一着も持っていないサロペットをマネキンが素敵に着こなしているのを見て、「コレを試着したい」と店員に言った。キャミソール型のトップスとパンツが一体となっている白いサロペットは、日本でも着れそうだなんて思ってしまった。

それなのに、「ノーノー」だと？

どういうことかしら。皆、試着しないでどうやって買っているわけ？　安いからダメもと？　そんな適当でいいの？

すると店員が、「ちょっと待って」と言ってメジャーを持ち出した。そしておもむろに私の肩幅（けっこうあるよ）、ウエスト回り（着痩せしてるんだよ）、バストのサイズ（見た目以上にあるかもよ？）を測り、「アナタ、Sサイズでダイジョウブ〜！」と言うわけだ。

ほんとかい？　それで、入るのか？

なんと、プラチナムではすべての店に試着室がない。店のスペースがもとより3、4畳ほどなのだから、試着室を置く場所なんてなくて、よくあるフリーマーケットや夜市の露店で売っている服を買うのと同じ要領で見ていかないといけない。ようは、勘！

外観が立派なプラチナム。一見すると高級デパートにさえ思えるのに、中に入ればそこはまるで夜市！　非常に簡易的でガヤガヤ、煩雑としていて、綺麗に陳列されたブティックよりは、洋服がワゴンにざっと入っているようなセール会場を回るイメージ。気持ち的にはワクワクするのだけど、真面目に失敗しないで買いたいなんて人にはつらいかもしれない。

「ちょっと体に合わせてみたいから、マネキンから服を取ってもらえますか？」

とお願いすると、奥のほうに置いてあるデカ袋から、Sマークのシールがついている透明のビニール袋を取り出して、私に渡した。在庫が非常にたくさんある様子。

中に入っている白いサロペットを取り出し、自分の体にあててみる。

「お〜素敵ですネ〜。似合いますヨ〜」とお姉さん。

奥に置かれた縦長の鏡に映る姿を見て、たしかに可愛いと思ったのだけど……。

肩の位置を合わせると……オーマイガー！　股間の位置が私のへそ下に来ている。それを見たお姉さん、何も言わずに「Mサイズ？」と言ってくれたのだけど、タイ女性よ、どれだけ体が細いうえに、足が長くて胴が短いのさ！

結局Mサイズもキツそうだから、やめた。試着できなくても、なんとなく自分に合う、合わないはわかるものなのね。

それからゾーン3の5階はフロアすべてが靴だけのお店というので行ってみた。

旅先の靴はいつも決まっていて、暑い国ではクロックスのビーチサンダルで、寒い国ではスニーカーかショートブーツ。歩き方のせいか、日本でも靴はすぐにダメにしてしまうので、ましてよく歩く旅先で高価なものやオシャレ重視な靴は履けない。

歩きやすく、壊れにくく、安い靴がいい。

でも、さすがにビーサンを履いて美しくなんてなれんだろうよ。

「足下を見ればお里が知れます」と言って、けっしてビーサンでご近所さんに行かせてくれなかった亡き祖母の顔が浮かんでくる。

おばあちゃん、大丈夫。私、バンコクで生まれ変わるから、見ていてね〜!

服もそうだけど、品数の多い靴をざっと見ていれば、今の流行が見えてくる。靴は、キラキラのビジューがついたパンプスが今の旬らしい。ヒールが高い靴よりはぺったんこが多いみたい。

逆にヒールが高い靴は、10センチ以上もあるような高さで、私が履けば170センチ以上の大女になってしまう。体のラインが細くて華奢なタイ女性には似合うのかもしれないが、私が履くと、「単なる大女」に見えて不格好だ。

祖母も天国から、「キラキラにしなさい」というメッセージを送ってくれたと思う。キラキラビジューの可愛いパンプスばかりを扱うセンスのよいお店に出会い、そこで気になる靴を一気に試着して、どんどん買うことにした。

だって、靴さえも衝撃的な安さで、思わず色違いで買ったり、そうよ、大人買いができるのよ。一度に5足の靴を買うなんてことが、これまでの人生であった？　それも、デザインは違えど、全部キラキラしている！

「何、1足……300Bって、どんだけ安いのよ～～～～」と、二人で震えながらお金を払った。5足でも6000円くらい。なのに、クオリティは悪くないし、縫製もきちんとしている。

キラキラ靴をいっぱい売っているプラチナムのお店で試着しまくり！

二人とも、買ったその場からもう新しいキラキラパンプスを履く。

するとあら不思議。今まで着ていた服まで輝きだしちゃった！　足下って大事なのだと実感。

その後、クリナはタイムオーバー。

「ごめん、子供たちが学校から帰ってくるから、私、先に家に帰るね。のぞはゆっくり見てきて。よいもの探してね。グッドラック！」

そう言って、足早に去っていくクリナを後ろから見ていたら、彼女の歩く足下からキラキラがこぼれていた。本当なんだから！


一人になって、ゾーン3からゾーン2、1とさらっと見ることにした。さらっと見ないと、1日かけても見終わらないだろう。

そして、これも出会いだ。いいなと思った服は買うのだ。

それにしても、あらためて洋服というのは面白い。何を着ているかで、傍から見るイメージもずいぶん変わるし、着ている自分自身もずいぶんと気分が変わる。

ペールトーンやシフォン生地はガーリーで女子度アップしそうだし、サテン生地やカラーレース生地はゴージャス系にもなるし、ビジューやグリッターのついたワンピは個性的に映るし、サーキュラースカートやミディスカートはお嬢様風だろうし、体にぴちっと沿ったボディコンスタイルも体型に自信があるならさぞかしかっこいいだろう。

そんなどれもが安く売っているのだから、新しい自分を見つけるチャンス⁉　失敗したっていいから気になる服を買ってみよう！

気づくと、店員さんの中に、おかまちゃんが多くて、彼らの美意識は女子よりも高いのか、「絶対無理！」という斬新奇抜な洋服をうまく着こなしている。なんだか、刺激を受ける。

そうして、私が買ったプラチナムの賜物たち。

ハート柄がちりばめられているモンペのようなイージーパンツと、テロテロの白い布のイージーパンツ。これは同じ店で、1着なら350Bなのに、2着買ったら1着250Bと言われた。プラチナムの店は、大量買いするほど値引きしてくれるところが多いらしい。こんなの普通のデパートではありえない。だから、世界各国のバイヤーもやってきて、大量に仕入れていくのだろうか。

それに肝心な生地がしっかりとしていて、裏地もついているし、ウエストを絞るリボンもチャームがついていたりとオシャレ。

それから別の店で、250Bの幾何学デザインの白いノースリーブのトップスを買った。後ろにファスナーがついていて、綺麗めな格好に着こなせそうだし、ハート柄のイージーパンツと柄同士で組み合わせて着ちゃうのも、バンコクではアリな気がする。

そして最後に、デニム素材の襟付きシャツ型ワンピースを買った。

それが、どれも家で試着すると、「のぞ、なぜ買ったの?」と言われるほど、似合わない。

「かろうじて、白いトップスはいい。でも他は着るのが難しそうだよ」

モンペや白パンツは着こなし方によっては、穿けそう。だけど、シャツ型ワンピは大失敗。まったく似合わない。

思えば、普段から襟付きシャツが似合わないのに、そのワンピースを買ってどうするよ!

しかも、お店のメジャーで体のサイズも測って合わせたはずなのに、着たらぶかぶかだし。

たしかに、お姉さんに「フリーサイズだから」と言われて、メジャーの数値も聞いた気がするけれど、「まあ、合うでしょ、これなら!」くらいに考えていた。

洋服を甘く見ていた。

賢く、間違わずに洋服を買うためには、普段から自分に似合うデザインや色をよくわかっているべきだ。身の丈・サイズも。もっと自分のことを知らないといけないと痛感した。

ファッションって、まず自分自身と向き合うことから始まるのね、という32歳の新発見。

その後、最近バンコクで話題のスポットのナイトマーケット〝アジアティック〟でも、試着ができなかったのだけど、たくさんの服を買った。チャオプラヤー川のほとりにある、かつて倉庫群だった東京ドームほどの大きさのマーケット。

１５００店舗あるので、こちらもプラチナム同様、「いいなと思ったら買う」ようにしていかないと、また同じ店を探すのは大変だ。

けれど、結局「いいな」と思ったのは同じ店で、7着買った。自分に本当に似合う色か、自分で知る限りの自分の体型に合ったサイズなのか、今度はもっと真剣に考えながら。

「7着ってすごいな」

「プラチナムでの5足買いも人生初だけど、同じ店で7着買ったのも初めてよ」

「でも、これまた全部合わせても安いんでしょ、1万円した？」

「ちょうど1万円くらいかな。日本だったら1着分だよね」

「帰ったらファッションショーしよう」

買った服をクリナの家で広げ、全身鏡に向かってポージングをしてみる（というプレイ）。スケスケやキラキラ、テロテロのトップスたち、真っ黄色のミニワンピやボーダーの爽やかなミニワンピや肩に切り替えの入っているロングワンピなど、それが、妄想ランウェイを歩くパリコレさながら、モデル気分で楽しい。

「それとこれ、合わせてみたら？」

「こんな斬新な組み合わせ、海外セレブしか着こなせないけど、バンコクでなら歩けちゃいそうだよ」

「いけるいける」

日本でどう着るかを考えるのではなくて、滞在中、たとえ2日や3日でも、買ったばかりの服をコーディネートさせて現地で着る。すると、こんな格好もしてみちゃおう！　という冒険ができるし、そうした中で、本当に似合う意外なファッションと出会えるかもしれない。そうして、旅もまたいっそう思い出深くなると思う。

今でも、私が1年間や数ヶ月の旅を振り返ると、記憶に残っている服というのがいくつもある。それは大抵現地で手に入れた服なのだ。

「あとは、バッグも買いに行こうね」

「前に言ってた、ナラヤ？」

「そうそう。オススメだから」

バッグかあ。

一人旅のときは大抵リュックが多い。いちおう、オシャレなバーやコンサートなんかに行くかも？　という淡い期待もあって、小さなクラッチバッグは持っていくこともあるのだけど、そんなので普段街中を歩いていられない。

第一に一眼レフが入るバッグでないといけない。電車やバスの移動中は必ずバッグにしまうようにしているから。

そうすると、どうしてもリュックが便利なのだけど、そりゃあ〝女子度〟は高くないわよね。

「それがナラヤだと、安くて、軽くて、使いやすいオススメのトートバッグがあるから」

彼女がネットでナラヤのバッグを見せてくれる。

「あ！　これ、空港からレイルリンクに乗ってきたとき、隣のタイ人の女の子が持ってたバッグだよ！」

デザインがシンプルだけどとても使いやすそうで、空港で働いていると思われるその子の制服にも似合っていた。

「買う買う！　早く行きたい！」

憧れの美しいタイ女性に一歩近づくには、全身すっかり、習うより慣れろ、いや真似しろって思うもの！

ところで、日本からムダに多く持ってきた服は、バンコク滞在中ほとんど着ることがなかった。しかも帰国の際、スーツケースが買った服や靴であふれ、入り切らなくなった。なので、次回は日本からあまりたくさん衣類は持ってこないでおこうと心に誓う旅女なのであった。

美人は「保湿」で作られる
――タイの美女たちに直接聞いた、美しくなるためにしているすべて

タイの女性は美意識が高いということで、こうなったら直接話を聞いてみることにした。突撃取材するわよ！　なんて意気込んでいるけれど、たまたま、クリナのタイ人の友達に会える機会があって、彼女たちと一緒に近くの大学に遊びに行った。

クリナの友達のタイ人女性はピーチさんといって、子供たちの習い事が同じで出会ったらしい。今年35歳で、赤く髪の毛を染めていて、ファッションもミニワンピ。足が細くて真っすぐで、さすがという感じ。旦那さんが日本人なので、日本語もわかる。

大学のカフェでまずお茶をしながら、ピーチさんに質問した。

「タイの女性はみーんな足が真っすぐ！　何かしてるんですか？」

「みんな生まれつきネ。何もしてないけど、赤ちゃんのときに、お母さんがマッサージする

ネ」

基本的に遺伝で、大抵の女子は足が細くて真っすぐで長い。だけど、さらにお母さんが赤ちゃんに足が真っすぐになるようなマッサージをするんだそう。なんてこと！

お母さんの美意識が高いと、赤ちゃんにまで、将来彼女が美しい足になるようにとマッサージするというわけか。正座させられてきた日本とはえらい違い。まあ、一方で日本のカルチャーなのだから、正座ができない若者（こういうとき自分は含めない）が増えているのは残念だと思うのだけど。美脚に関しては、正座文化はダメだと言いたい。

カフェには大学生がたくさん集まってきた。

ちょうど授業が終わったのかもしれない。女の子ばかりいるけど、皆髪の毛は真っすぐで黒髪か上品な茶髪。金髪はいない。それに制服なのか、トップスは白で、スカートは黒。でもスカートの種類はタイトでもミニでもプリーツでもなんでもよいらしい。それぞれに似合う丈やデザインを選んでいるよう。

「みんな、ほとんど何もしてないですヨ。でも綺麗ですネ」とピーチさん。

ああ、わかる、わかりますとも。

遠くでも、彼女たちのきめ細かい白い肌の美しさがわかる。黒いロングストレートの髪も美しい。

そういえばタイの女性は髪が美しい。サラサラのロングストレートと太い眉毛がとてもエキゾチックなのだ。

「太い眉毛は流行ですヨ。ずっと前はワタシも細い眉毛してたヨ」

「え——！　そうなんですかっ。そう、タイの女性はずいぶんと眉毛をしっかり描くなあと思っていたんですけど、流行なんですね」

街中でよく見かける「アイブロウタトゥ」も、太い眉毛のデザインを見るから、太くしっかりとした眉毛がタイ女性の美なのかと思った。まるで、メキシコの画家フリーダ・カーロみたいに。

彼女の自画像は常に眉毛が濃くて、両眉毛が眉間でくっついている。一瞬「えっ」って思うのだけど、美しい。実際の彼女も眉毛が太く濃かったのが、当時の写真からもわかる。

ちなみに、私はフリーダ・カーロに憧れる。47歳という短い生涯、年少期の病気による身体の障害と向き合いながら、愛と芸術に情熱をかけ、奔放に生きながら、人の生きる喜びと苦しみを絵画で表現していき、多くの人を惹き付けた女性として憧れを抱く。

でも……、だからといって、さすがに眉間までくっつくほどの太く濃い眉毛になろうだなんて、思わない。

「きっと、鼻も高くて、目も二重だし、ホリの深い顔立ちだから、眉毛が濃くても似合うんだろうね」とクリナ。

たしかにフリーダ・カーロもメキシコ人で、目鼻立ちはっきりの濃い顔。なるほど。日本人は麻呂の時代から慎ましやかな眉毛が似合うのね。よし、そこは真似しないでおこう。

「それで、髪の毛は、どうして紫外線の強い国なのに、そんなにサラサラなんですか？」と私。

「うーん、それもあまり何もしてないヨ」

そんなあ。何、ＳＰＦ50の紫外線プロテクトか何か、もともと体に持って生まれてくるわけ？　そんなわけないよね？

「でも、美容室行ったりするヨ」

それは、私でも行くし！　と思ったところ、

「ブローですヨ。朝、美容室に行って、ブローしてから、会社とか行くヨ」

なんと！　わざわざ出勤前に美容院に行って、ブローして、ストレートのサラサラに仕上げていくんですか？　じょ、女子度たかいですぅ！

「ちゃんとシャンプーもして、綺麗にするヨ」

私だって、いつもお風呂でシャンプーをするときは、しっかりとゴシゴシと洗うのだけど、何が違うのだ。

洗い方？　おっさんのように、両手で頭をワシャワシャと高速で洗ってしまうから？　気分は爽快、汚れもスッキリ落ちそうなのに、ダメなの？

でも、タイ女性のサラサラな髪を見ていると、そのシャンプーの仕方まで違うのではと思えてくる。きっと、「ティモテ」のＣＭ（古い？）にでてくる綺麗な金髪美女がするように、頭にいっぱい泡をたてながら、優しく絹を扱うようにシャンプーをするのだろうな。

なんたって「ティモテ」のＣＭは、シャンプーを終えてサラサラの髪をした金髪美女のところに、白馬に乗った王子が駆け寄ってきて、二人で仲良く草原を去っていくというようなストーリー。

私のところには、到底王子は来なそうだな。

……なんて妄想を私がしてるだなんて、ピーチさんもクリナも想像できるまいよ。

「せっかくだから、女子大生と話するネ？」

「したい！　ぜひ！」

ピーチさんが席をたち、女子大生のいるところまで歩いていく。そして、「おいで」というジェスチャーをされたので、珈琲カップを持って移動した。

「サワディカーップ」

おお、近づくほどに輝く眩しい美肌！　さらさらな髪！

年齢は18歳だという。まさか32歳が18歳にアドバイスを聞いちゃうだなんて、涙がでそうよ。だってさ、もう若いってだけで、肌が弾けてるんだもの。

彼女はパタラちゃん。前髪のあるロングヘアーが綺麗で、肌が美しい。メイクなんてほとんどしてないみたいだけど、中から弾けるような美しさというか、元気いっぱいのオーラがみなぎってて、ま、眩しい〰〰〰。

「私が気にしてるのは、クレンジングをしっかりして保湿を常に怠らないようにするだけで、他はとくに……」

「自分でマッサージしたりは？　タイはスパとか美容系のサロンが多いけれど、そういうのも行かないの？」

と聞くと、うーんと首をかしげてから、「何も！」と元気いっぱいに答えてくれちゃった！

思えばそうだ。18歳の頃なんて、私だって何も、な――んにも気にしなかった。それでも、徹夜して作った目元のクマは翌日には消えたし、肌荒れしたって治りも早かった。顔がパンパンで、羽二重餅みたいだったけど、内側から弾けてたと思うもの！

「あ、でも運動はよくしますヨ。スタイル維持のために、バドミントンとか今バンコクで流行ってますヨ」

なるほど。運動しよう。彼女たちが美容のために運動しているのだから、10倍は運動しないと追いつかないだろうよ。

それからピーチさんが、「あの子にも話聞くヨ」と言って、声をかけてくれたのは20歳のラリタちゃん。

ボブヘアのワンレンで茶髪。やっぱり細くて真っすぐの美脚。歯の矯正をしているのだけど、それさえ可愛い。

「うーん、私は保湿をちゃんとすることくらいデス。よく、みかんを食べますケド。ビタミンを摂るようにしてるヨ」

と、ラリタちゃんもやっぱり特別なことはしていないようなことを言う。

それで、ピーチさんもクリナも私も黙りこくってしまった。

まさに試合中に作戦タイムが取られた。

「あのさ、もう学生に聞いてもダメ、ダメ！」

「うん、そう思う。だって、何もしなくても綺麗なんだし、彼女たち見てると凹むからさ」

「ここ、オフィスレディもたくさんいるヨ。その人たちに声かけるネ」

そうして、再び我らは大学の敷地内にいる大人の女性を探すことにした。たまたま大学のカフェに併設された会社に、素敵な女性がいたので、ピーチさんがダッシュで声をかけに行く。

私たち、いったい何者だ？

ピーチさんに呼ばれ、話が聞けることになった。

一人はアイスちゃんといって、ショートカットで、太い眉毛、エクステしてないのに濃く長い睫毛をしていて、アイメイク自体はしっかりとしている。なんと、同い年の32歳というのに、赤ちゃん肌！

これよ、これ。彼女に聞いたら参考になりそうな話が聞ける！

ワクワクしながら聞いたところ、

「肌は保湿をしっかりして、食べ物はタイハーブをたくさん摂ってますヨ。最近はハチミツとミルクの石鹸でリターンのものを使っているんだけど、オススメです」

ふむふむ。どうやら、リターンの石鹸 Return Natural Extract Soap はオンラインで買えるらしい (http://www.return-ab.com)。

「あと、ココナッツオイル！　コレステロールを下げるので、ダイエットにいいですヨ」

そういえば、最近日本の雑誌でもココナッツオイルはよく取り上げられている。ハリウッドセレブが美容やダイエットに使っているらしい。

「スプーン1杯、毎日摂取すると体にいいんですヨ」

ピーチさんが、「料理に使うとよいヨ」と横から言う。後々聞くと、ピーチさんもココナッツオイルを使っているらしいし、髪や乾燥した肌に直接つけたりもしているらしい。

アイスちゃんも32歳とは思えぬ美脚でスタイルがいい。これも、「必要以上に食べない。太らないように気をつけている」ということだったから、やっぱり「綺麗でいるんだ」という意識こそ、大切なのだ。

それから最後に、アイスちゃんの同僚で35歳のナリスラちゃんに話を聞いた。彼女はオ

35歳と思えない、もちもち肌のナリスラちゃん

シャレメガネ女子。「Big eyes」のカラコンをして、目を大きく見せているというし、アイライナーはしっかり引いて、アイメイクはちゃんとすると言った。

パーティのときだけは、付け睫毛をするらしいけど、普段はマスカラで十分らしい。

「気をつけていることは、たくさん水を飲んで、ヨガとかエクササイズをすることですネ〜」と爽やかに答える。

ヨガといえば、タイはルーシーダットンというのが有名だけど、どうなんだろう？

「う——ん、私はしないけど、体によいと思いますヨ」

ルーシーダットンも、チャンスがあれば体験したいと思ってはいるものの、なんだかヨガを含め、同じポーズをずっとしていることが性に合わない。それなら、バドミントンのほうが合いそうなのだけど。

「まあ、あれは瞑想というか」

「ですね、機会があればやってみます」

そうして、最後、ナリスラちゃんの肌を触らせてもらい、35歳とは思えぬほどのもちもちしっとりした肌に感激して、「保湿」をしっかりしようと心に決めた。水もたくさん飲むわ！

化粧については、一通りみんなに聞いていたのだけど、まず付け睫毛やエクステはせず、基本的にマスカラを使う。それも、マジョリカ マジョルカだったりロレアルだったりメイベリンだったりと海外のものばかり。

ファンデーションはフランスのナーズ（NARS）、アイライナーは韓国のエチュードハウス（ETUDE HOUSE）、チークはアメリカのボビイ ブラウン（BOBBI BROWN）と海外もの。だけど基本は「ナチュラル」がいいのだと言う。

正直タイの女性はしっかりメイクを何より心がけていると思っていたから、意外にも「ナチュラル」と言うのには驚いた。

実際、街中を歩いている人、美容サロンで働いている人、デパートの店員さんなどは、みんなかなりしっかりアイメイクをしている。ぱっと見のタイ女性は、やっぱり目元、眉毛が印象的だから。

「まあさ、結局彼女たちが特別な何かをしてるってわけじゃないんだね」

「うん。美容大国タイとはいえ、彼女たちは基本的なことをしっかりやっているだけなのよ」

「もっと、みんな美容系のサロンとかでシミ取ったりしてるのかと思ったけど、現実はそこまでじゃないのかもね」

「お金持ちのタイ女性は行くとは聞くけどさ」

「まずは基本的なことで十分なんだね。第一に保湿！　素肌を美しくする。そして運動とか、太らないように食事管理したり……」

「メイクもアイメイクはしっかりとするけど、ナチュラルを心がけている」

「それを常に意識して気をつけている。それが美意識の違いということかな」

美容大国の蓋を開けてみたら、美の秘訣はものすごく基本的なことだった。

私も意識を変えて、美への道を歩むぞ！

第2章 旅でもっと綺麗になる！

美を磨くためにはコストも時間もかかって、食指が動かない。それも日本で美しくなるなんて、美人社長とか起業家女性、女優やモデルの世界の話（イメージ）ではなかろうか。ところが、夢の国タイでは、超凡人の旅女（32歳）だって、あっという間に簡単に、あらゆる美へのチャレンジ&変身ができる。いや、そういう「魔法使い」たちや「魔法の国」とたくさん出会える。だから、お姫様気分を存分に味わいながら、気づけば全身&心もスッキリ美しくなって、自信だってグンッと持てる。仕事でやさぐれた乙女も、長期旅行で女を見失った女性も（私です）、もちろんママだって、さあ、一緒にレッツ・ビー・プリンセス。魔法の時間を過ごそうじゃありませんか！

人生初のオートクチュール
——布選び、身体測定、デザイン……
私だけの服を作って姫になる

旅先云々にかかわらず、女性として一度はという憧れは、オートクチュールで自分だけの服を作ってみることではないだろうか。

私の祖母は、もう5年ほど前に亡くなってしまったけれど、形見としてたくさんの洋服を残してくれた。なんて、本人は「形見」だなんて思いもせず、ただ洋服が大好きな「ハイカラさん」だっただけ。当時にしてはナウすぎるデザインの服がたくさんある。

「おばあちゃん、昔から本当にオシャレだったの。オートクチュールっていって、自分でこんな服にしてちょうだいと言って、よく仕立て屋さんで作ってもらってたのよ。体のサイズをメジャーで測ってもらって」

という話は小さい頃から母に聞かされていた。

「もちろん、今なんて作ってもらったら、とっても高くて無理よね」と補足して。祖母となんとなく服のセンスが似ている私は、「ああ、私も一度でいいから洋服を作ってみたい！」と思っていた。

ちなみに、「じゃあ、学校の家庭科で裁縫習ったことだし、自分でやれば？」と言われても、そういう問題ではない。なにせ、私はボタン付けだって大の苦手な裁縫大嫌い女なのだ。声を大にして言うほどに情けなくなるのだけど。

どれくらい嫌いかというと、高校の制服のスカートの裾がほつれたとき、縫うどころか、しばらく（母に見つかるまで）布用のテープをスカートの内側から貼って止めていたくらい。旅にでてからだって、持っていたスカートの裾がぐるっと一周ほつれたときは、ぶーぶー（スカートに）文句垂れながら、懸命に縫ったもの。

まあ、赤、青、黒、白、黄色というどこかで手に入れた糸をすべて駆使して、仕上がりは異常にカラフルな裾になった。それも、縫い幅は2センチ間隔もいいところ。細かく縫うなんて、私、できない（やらない）。

もちろん、帰国してから、そのスカートを見た母には絶句された。

そんな話をなぜするかというと、バンコクに来て私は長年の夢を叶えることができたからだ。結論から言うと、人生初のオートクチュールをバンコクで作った。それも、格安で。

今回、バンコクに詳しい大学の先輩から、

〈のんちゃん、バンコクにいるなら、洋服作ってくれば。オススメの仕立て屋さんがあるよ。ここにリンク載せとくね〉

というメールがパソコンに届いた。

そのリンク先へと飛ぶと、バンコクの仕立て屋さんで自分の服を作ったという人の体験記事を書いたブログだった。

読みながら私はクリナに言った。

「ねえ！　洋服作りに行きたい！」

だって、シャツやブラウス、スカートなど1着の仕立て代が500B（約1700円、布持ち込みの場合）からだなんて、祖母も生きていたら驚いてひっくりかえっちゃう価格である。

自分だけの洋服を作ることは、当然ながら大量生産ではないゆえ値段が高くなるし、日本だったら布持ち込みの仕立て代でシャツ6000〜8000円が相場のよう（ネット調べ）。

それが4分の1前後の値段でできるのだから、かなりお手頃。

クリナが私のパソコンを覗きながら、

「ああ、ここ、日本人の駐在妻たちの御用達だわ。私は作ったことないけど、皆さん、子供のハロウィンの服とか作ったりしてるよ」と言った。

翌日、バイクタクシー2台で（すっかり横座り）、我々は仕立て屋さん「Rinna Boutique」へと向かった。住所は最近おなじみのスクンビットで、道の番号はソイ71、BTSプラカノン駅から徒歩15分ほどの場所にある。

だいたい近くの場所で降ろしてもらい、後はブログに書いてあった情報の記憶をたよりに歩く。なんだろう、かなりローカルな場所に入っていく。観光客なんて全然いないし、食堂も雑貨や衣料用品の店なども、完全にローカルな雰囲気で、店先で猫が寛いで眠っていたりする。

すると、クリナが「あった！」と言って、「Rinna」という看板を見つけてくれた。

中に入ると、手前から奥まで仕上がったさまざまな洋服がハンガーにかけてあり、マネキンがおそらく仕上がったばかりの洋服を着て立っている。奥で女性二人が作業している傍には、ミシンなどが置いてある。全体的には、なかなか明るくて綺麗なお店。

スタッフの一人が私たちに気づいて、すぐに作業台に呼び寄せ、「布は？」と聞いてきた。おそらく彼女がRinnaさんだろう。セミロングの髪をした優しそうでスリムなマダム。

「布、持ってないです。近くで買えますか？」と答えると、

「ええ。ここを出て、真っすぐ、あそこを右に曲がれば布屋があるわ」と教えてくれた。

Rinnaさんは、日本語がちょっとだけ理解できるよう。布のことを聞いたら、「ウラジ（裏地）？」と聞いてきたので、必要なら裏地も買ってこいという意味かと思った。まあ、それだけ利用客に日本人が多いということだ。

店をでてすぐ、たしかに布屋さんがあった。もちろん、超ローカルな店で、無地からお花やチェック、マーブル模様などさまざまな柄があったり、コットン、サテン、レース、シフォンなど生地の素材もさまざま。それが、ロール状にしてたくさん置かれたり、ワゴンに切れ端が安く売られていたりする。

そういえば結局どんなデザインにするか決めてないなあと思いながら、布を見ていると、急に私の中で乙女魂が燃えだした。

そうね、ワンピースがいいんじゃないかしら。それも、せっかくだから、南国らしく、海外らしく、華やかにしよう。そうだわ、日本では着られないようなサマードレスがいいわ！

頭の中に、青い海に抱かれた真っ白なビーチが広がり、そこを美しいサマードレスを着て歩いている私が浮かぶ。まるで異国の姫だわ。そして、前方から素敵な王子がやってきて、私の（洋服の）美しさに一目惚れをして……。ってどんな服を私は着ているのよ？

俄然燃えてきた。布選びから真剣に！

裁縫が嫌いな私は布選びなんて、おそらく高校の家庭科の課題やらなんやら以外で、やった記憶がない。

あらためて、布というのは、さまざまな色や柄があって、布の触り心地も、重さも、柔らかさも違うということにじんわりとした感動を覚えてしまった。

できあがった洋服を選ぶだけのお店とは違う。この布たちが、私の体を纏う服となる。それは私にとって、ささやかだけど、実に感動するべき事態だった。おおげさ？

で、結局選んだのは、ゴールドの花模様のざっくりとしたレース地。これを表生地にして、深緑のサテン生地を裏地にあてることにした。

ゴールドとはいえ、タイの僧侶たちが纏うようなオレンジの袈裟《けさ》を思わせる落ち着きもあるし、マリーゴールドの花を思わせる華やかさもある。レース地がざっくりとしているので、裏地の深緑が下から透けて見えるようになる。深緑にしたのはやっぱりマリーゴールドの花の茎や葉を連想したのかもしれない。

私にとって、マリーゴールドという花はキク科の中で最もラテン的な太陽のイメージに近い花なのだ。とにかく、この色のコンビネーションがものすごくしっくりきた。

布屋のおばさんに、「服の長さは？」と聞かれ、瞬間的にロングドレスにしようと思い立ち、足のくるぶしより少し上のあたりを指さした。

「じゃあ、2メートルね」と言ってそれぞれカットしてくれた。

渡されたレース生地は、思い切りスケスケのくせに、ずっしり重い。けっこういい値段するだろうなと思ったら、両方で1000B（約3500円）。日本で布なんて買わないので相場はわからないけれど、この生地のサマードレスを普通に買ったら相当高くなるのではないかと思って、ひそかにほくそ笑む旅女。

仕立て屋「Rinna Boutique」に戻り、布を作業テーブルに広げた。そうして、Rinnaさんが白紙に仕上がりのイメージを描くので、どういうデザインがよいかと聞いてきた。

「あのですね、サマードレスにしたくて」

と、白紙に絵を描かせてもらい、説明を始

オートクチュールで体のサイズを測ってもらう……これぞやりたかったこと！

める。

「こんな形のロングドレスで、この深緑が裏地で、表生地よりも15センチくらい長さを短くしてください。あと、ドレスの切り替えはアンダーバストくらい。そこから下はストーンと広がりすぎないAラインで」

「袖はどう？　キャミソールにするか、袖なしか……」とRinnaさん。

「うーん。では、袖は肩から二の腕の太いところがちょうど隠れる位置で、幅10センチほどにしてもらって……」

と絵を描きながら、私も考える。

「ギャザーは？」

「アンダーバストの下の切り替えからゆるめに少し。あと、袖のところにギャザーを入れてください」とお願いする。

一度デザインを決め終えると、Rinnaさんはにっこりと笑い、メジャーを取り出して、私の腕回り、アンダーバスト、ウエスト、ヒップ、股下などを測り始めた。

両腕を真横に広げサイズを測られながら、「ああ、これよ！　これがきっと祖母が愛したオートクチュール。なんて快感なのでしょう」と心が騒ぎたった。

「では、1週間後に取りに来てちょうだい。値段は1000Bですよ」

え？　い、今、なんと？

1000Bだなんて、布代と同じで？

合計7000円ほどでサマードレス1着作れるなんて、どういうことかしら！

ずっと見守り続けてくれたクリナが、「いいよ、すごくいい！　のぞ、私も今度作ってみる！」と目を輝かせている。

仕立てあがったマリーゴールドのサマードレスと感動のご対面！

そうして、できあがったサマードレスを見て、私は感動している。

店に行ったとき、マネキンがマリーゴールド（と、この服を呼ぶことにする）を着て、私をお出迎えしてくれたのだ。

素晴らしいことに、糸もファスナーも布と同じ色に揃えてくれていて、これはRinnaさんのほうで用意してくれた。

ああ、なんて素敵なの！

店で試着をするとき、サイズ合うかしら？　なんて一抹の不安がよぎったものの、ノープロブレムに決まっている。だって、私の体にぴったり合うようにできている。

これは、ＳサイズでもＭサイズでも７号でも９号でもなくて、マイ・サイズ！　すなわち世界にたったひとつの私のための洋服なのよ！

事実、怒り肩の私に合った袖というのはなかなか見つけるのが難しいのに、マリーゴールドは、ぴったりと肩にはまった。そして、肩から二の腕の太い部分を隠してくれている。

試着する私を見て、クリナがやっぱりこう言った。

「いいわ〜。のぞ、私も同じデザインで作るわ！」

「ふふ。同じデザインでも、色もサイズも違う、やっぱりクリナのための洋服ができるんだもの、素敵だろうね」とマリーゴールドを纏った自分の全身を鏡で眺めながら答えた。

こうしてバンコクで、一点の服を作るまでの創造過程、さまざまな色や素材との出会い、自分という存在の価値への感動など、美という範囲を超えて、心を豊かにしてくれる経験ができたというわけ。

さあ、太陽がいっぱいの、どこの海で着ようかしら、マリーゴールド！

ボディジュエリーで輝く
——ブロンズ肌にタトゥ気分で、ワイルドでかっこいい女を気どろう

海外を旅していると、タトゥをしている外国人にたくさん出会う。それが10代後半から始まって、お年寄りまで、男性も女性もしている。

タトゥの柄については、星や太陽、蝶々やドクロなどのワンポイントであったり、自分の好きな人や家族の名前を入れたり、人の顔や龍などを超リアルに入れたりするようなものまで、それはさまざま。

日本ではタトゥは「刺青」といって、怖い人たちのするもの、というイメージがある気がするけれど、海外ではファッションという感覚がメジャーだと思う。

さまざまなタトゥに出会うと（している人を見るだけ）、もはや芸術だと思わざるをえない出来映えのものだってある。

私はタトゥに関しては、完全に個人の感性の問題だと思っているから、驚いたり、それで避けたりはしたくない。というか、旅先だと出会う人の多くがしていると思うのだ。

まあ、お国柄の問題か。日本ではほとんどしている人を見かけないし、温泉や銭湯では「入浴禁止」なんて規則があったりもするくらいで、極道のイメージがやっぱり強いのだろう。そして、一度入れたら消せない（レーザーか皮膚切除なら可能）というのも受け入れられない理由だとは思う。

でも、せっかくなので、バンコクでタトゥをすることにした。

それも、背中に龍？

なーんちゃって！　タトゥではなくて、我が親友クリナが始めたボディジュエリーというやつだ。

ボディジュエリーというのは、まず、あらかじめ用意されたデザインがたくさんあって、その中から好きなデザインを選べる。薔薇の花、蝶、唐草模様、ハートや星形など、今の気分やシチュエーションに合わせて考える。

そして、それを体の好きなところに転写する。二の腕でも、首でも背中でも、お腹でも顔だってできる。部位により問題となるのは、取れやすさだけ。クレンジングで簡単に落ちるから、顔にするなら1日だけだし、汗をかきやすい部位は落ちやすいらしい。

肌に転写したら、肌用の特殊な糊を筆につけ、デザインの上を綺麗になぞる。最後に別の筆を使って、糊のついたデザインの上にキラキラのラメパウダーを載せていく。

パウダーはさまざまな色がある。マットな色や蛍光色、原色という感じで、同じ赤、ピンク、グリーンでも色味が違うから、見ているだけでもワクワクする。

仕上がりは、肌にキラキラな砂絵を描いたように華やか。体に絵を描くという意味ではタトゥのようだけど、その色の輝きは、タトゥとはやっぱり違う。体に描く宝石のよう。だからボディジュエリーというのね！

用途は結婚式やパーティ用などが多いそう。

ボディジュエリーのデザインの一部。好きなものを選び肌に転写する

バンコクではとっても流行っているし、もちろん日本でもじょじょにオシャレさんたちの間で広まってきているとか。

最近では、妊婦さんが膨らんだお腹に大輪の花を描いてもらうとか、子供のハロウィンやクリスマスなどのイベントでかぼちゃやクリスマスツリーを描いてもらうなど、用途も多岐にわたっているらしい。

それに、糊でつけているだけなので、ほっといても2週間もしたら取れる（はがれてくる）から、カジュアルな感じもいい。

このたびクリナがボディジュエリストの資格を取ったというので、常夏のバンコク、肌も露出できる環境でぜひやってもらいたいと思っていた。

家のリビングで、彼女が自分の腕でボディジュエリーの練習をしているのを見ながらこう言った。

「ねえ、また私にもやって」

筆を止め、

「もちろん」とクリナは言う。

すでに私にには、バンコクに来てすぐ彼女にしてもらった一輪の花のボディジュエリーが腕

にあるのだけど、

「ねえ、猫を描いてほしいのよ」と言った。

ふむ、と彼女は一瞬考えてから、

「やってみようか」と答え、

「ボディジュエリーはもとからデザインがあって、肌に転写するものなんだけどね。たしかに自分で描いてみてもいいかもしれない」

と言った。

「うん、クリナならできる」

私は猫が好き。それに気づいたのは、正直言って旅にでるようになった29歳から。小さい頃、祖父母の家が猫屋敷で、いつも多くの猫にエサをあげていたし、働いていた会社の編集部も皆猫好きだったというのもあるし、周囲で猫を飼っている友人もいたから、私は猫が好きだったに違いないのだけど、猫に

ボディジュエリーをやってくれるクリナと80色ほどあるラメパウダーなど

「ぞっこん」になったのは最近。

　旅で猫の写真を撮るようになってから、その肢体のしなやかさ、美しいアーモンド形の瞳、自由きままで、時にとびきりの甘えん坊である性格、霊的な直感力があり神秘性のある動物として、気づけばすっかり猫の虜《とりこ》になっていた。

　何より一人旅をしている自分と、一匹で飄々と生きているようなネコの生き様がどこか重なって見えた。

「思えば、のぞは猫っぽいよね」とクリナは言った。

「あら！　そんな可愛い？　もう〜」と鼻の下をのばすと、

「いや、性格が」と彼女は言い直した（おいっ）。

「自由きまま、好きも嫌いもはっきりしてる。一人が好きなくせに、寂しがり屋。情熱的で喧嘩も大好き」

　むむ。さすが長年の親友、よくわかってる。

「で、どんな猫を描こうか」

　しばらく考えてから、頭の中にあるイメージを伝えた。

「あのさ、傘をさしてる猫がいいな。それに、雨も降らせてほしい」

　そう言うと、彼女は白い紙に猫だけの絵を何種類も描いて、「どんな感じ？」と言うので、猫が後ろ向きに座っている絵を指さした。

「この猫が傘さしてるの。雨もね」と同じことを繰り返す。

「じゃあ、やってみよう」

彼女は透明な糊を筆につけて、私の腕に猫を描き始めた。透明にしか描かれない絵は、電灯の光で糊を反射させながらでないと見えないが、彼女はそれをうまく確認しながら続ける。

まず猫を描き終えると、いったんラメパウダーを載せて、色をつけてみようと彼女は言った。

「何色の猫がいい？」

80色ほどあるラメパウダーのケースを並べて見せる。

「うーん、そうねえ、ゴールドとピンクとブルーを混ぜた色の猫がいい。新印象派の画家が描くみたいな。ポール・シニャックの『マルセイユの港』的な猫にしよう」と言った。

「のぞ」と彼女は言ってから、「意味がわからない」と答えた。

それで、ネットで画像検索して、コレと見せる。まじまじと『マルセイユの港』を眺めるクリナ先生。

「のぞ」とまた彼女は言って、「こんな感じの色の、猫だよね？」と聞いてきた。

「そう、ゴールドとピンクとブルーの三毛猫がいいの」と答えると、もはや返答はなく、代わりに筆にゴールドのラメをつけて、白い紙ナプキンの上に載せ、パレットのように他の色を混ぜながら、オリジナルの色味を完成させる。

それから、私の腕に描かれた透明の猫の上に載せていった。

「いい、いいよ、さすがだわ～先生！　素敵！」

腕にワンポイント、ゴールドをベースに淡いブルーとピンクの水玉模様を持った猫ができた。

「次は傘」

「傘も、シニャック調でお願い。緑と紫がいいな。雨も同じ色にして」

「わかった」

そう言うと、彼女は黙々と作業を続けた。傘の絵を描き、それから色を載せる。

雨は一番上が大きな雨粒で、その下にいくつもの小さい雨粒を描いてくれた。もはやメルヘンの世界になってきた。

「ねえ、一番上の大きな雨粒だけ赤色がいいな」

「雨が赤色。そうきたか」

彼女はオーダーの通りにすべてを描き終えると、まじまじと仕上がりを眺めて、

「これは、ボディジュエリーも新しい境地に入ったわ」と笑顔で言った。

それからのバンコクでの日々、私の腕にはいつも傘をさした猫が一緒だった。道すがら、すれ違うタイ人の女性に、「素敵！」「綺麗ね〜」「可愛い！」「かっこいい〜」と褒められる。時に、タトゥづらして、ワイルドな旅女を演じてみたりして。

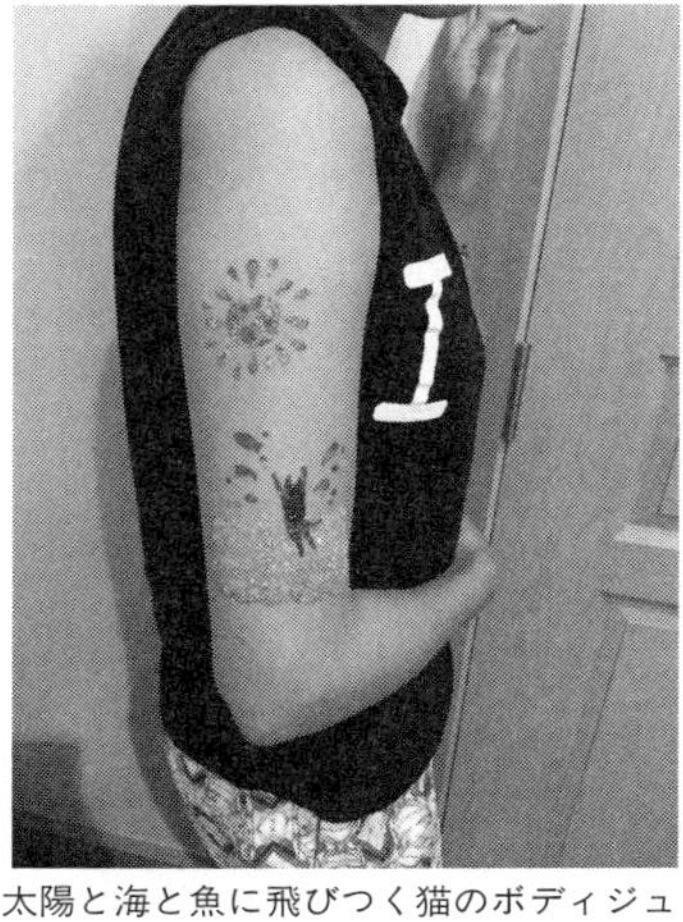
太陽と海と魚に飛びつく猫のボディジュエリー。すべてクリナのデザイン

腕に猫がいるようになってから1週間ほどした夜、クリナに聞かれた。

「ところで、なんで傘をさした猫なの？」と。

きっと、ずっと不思議に思っていたのだろうけど、その場ですぐ聞かずに時間を置いて聞いてくるのが、とても彼女らしい。

「雨上がりを待ってるの」と答える。

「そうか。旅路は今、雨の中なのね」

「なかなか晴れなくてね」

「雨上がりかあ」

そう。日々というのはいろいろある。人生も旅も、仕事も恋愛も、迷うことだらけなのさ。なかなか前に進めなくて苦しいんだ。だからそんな日々は、じっと静かに雨上がりを待とうと思って。でも一人じゃなくて、猫でもいてくれたらいいなと思ってさ。

心の中で私はそう説明する。

「一緒に待ってるのね」と彼女は言ってから、

「きっと、その猫がはがれ落ちる頃に雨は止む」と冗談っぽく笑って言った。

「なんか、怖いなあ、はがれ落ちる猫。でも、本当に猫みたいね。急に消えちゃうなんて」

まじまじと腕に居座る後ろ向きの猫を眺める。あと1週間はいてくれるかな。その間に、街中でたくさんの人に「可愛い猫ちゃん」と言ってもらおう。

「そうそう、今度子供たちに、車とか飛行機とか乗り物の絵を描いてみようかなと思うの。皆、喜ぶわ」とクリナが笑顔を見せた。

それから一週間後、私の腕には太陽に向かって海からジャンプする猫の絵のボディジュエリーがキラキラと輝いた。

「太陽と海と猫、このほうが、のぞらしい」とクリナが描きあげて言った。

「ひとつお願いがあるんだけど、ここに魚を描いて。海から飛び跳ねた赤い魚」と私が言うと、彼女はすぐにそれをやってくれた。

赤とゴールドに輝く太陽、グリーンとピンク、ブルーとイエローに輝く海、そこから黒猫が空に向かってジャンプしている。

「これで、赤い魚を捕まえるために、猫が思い切りジャンプしてる絵になったね」とクリナが言う。

そう、それがいいのよ。欲望のままに、思い切りジャンプしなきゃ。きっと、人生はそれと、ちょっとの理性でやっていければいい。そうしてようやく、夢は叶っていくと思うし、前に進んでいくのだと思うから。

「すっかり雨は止んだわ！」と私は答えた。

爪先から女子度をあげる
――ネイルはゲイにお任せあれ。
ついでに見習うべきあれこれ

「ねーさん、爪ボロボロですやん」

そう言ったのは、アジアを3ヶ月ほど旅しているときに出会った旅人の男の子（当時23歳）。おまけに、

「手の甲、足の甲なんて30代もいいとこちゃいます？」

そう言われたときは、絶句したっけ。

日本の温室で育ったワタクシは、そうよ、アジアの過酷な環境を旅して、〝日焼け＆乾燥＆ケアできない〟というトリプルパンチをくらい、すっかり手足ボロボロになった。おまけに、手も足も甲のところまで蚊にさされて、真っ赤な湿疹や湿疹痕がたくさんあった。

しかも、年齢とともに、手の甲や腕の血管がやたらと浮き出てきたのは、どうしようもな

いのだろうか。もはや手足年齢クイズがあったら、ぜったいに高齢だと思われること間違いなし。あっはっは！　いや、笑えないし！

でもよ？　旅先で綺麗な手をしているなんて、まるで嫁いだ先の姑に、「あら、そんな綺麗な手をして、ご苦労なさってないのでしょうね」と厭味を言われるようなもんで、「あら、そんな綺麗な手をして、さぞかし優雅な旅をしていらっしゃるのね」と勘違いをされたって悔しいじゃない？

こんな話をクリナにすると、

「いやあ、どうかな。勘違いされたほうがいいんじゃないの、そこは」と冷静にご意見を述べられた。

「そうかな」

「そうだよ、たしかに女性は年齢が手足にでるから、綺麗な肌、綺麗な爪であるべきだよ」

なんて言いながら、その男の子のおかげでアジアの旅の後からは、必然的にハンドクリームは買うようになったし、マニキュアなんかもバックパックにしまいこみ、「オシャレな旅人」、いや「女子度高い旅女」になることを意識していた。

「それでもマニキュアってはがれやすいし、1本持っていても色が飽きるんだよね〜」と女子度低い本音を暴露。

「まあ、わかるよ。じゃあ、バンコクにいるんだし、ジェルネイルしに行こうよ」とクリナが言ってくれる。

「私もボディジュエリーをやるときに、除光液を使うからマニキュアだと落ちちゃうの。ジェルネイルなら落ちないからサロンに行きたいと思っていたところ」

「ふむ、いくら？」

「手のジェルネイルと足のペディキュア合わせて1100B、3500円くらい」

「へ!?　い……く――――！」

頭上に大きな花火が打ち上がった。だって、ずっと前になるけど、日本だと手のジェルネイルに8000円ほど払っていたんだから。足のペディキュアも合わせたら、「諭吉先生のおな〜りぃ」なんだから！

「やっぱりバンコクは常夏。常に足も腕も洋服からでてるから、ケアも大変だろうね」

と、ネイルサロンに向かう道すがら私がつぶやく。アジアの大都会バンコクは高層ビルも多く、高速道路や国道が摩天楼の中を縫うように走り、車もバイクも多い。街には排ガスの臭いから路上屋台の独特なスパイシーな匂い、マンゴーやパッションフルーツなどの甘い匂いまで鼻に届く。

汗が止まらなくなってきた。

「ゆえにバンコク女子の美容意識は高い」と、クリナが言った。

納得であります。私なんて、日本の冬といったらペディキュアもしないし、夏の終わりのはげ散らかったペディキュアさえ、いつ除光液で落とすかといったら真冬もいい感じに寒くなった頃だ。

「女子度ひくっ」

「だよね、足の指毛も生え散らかってる」

「おっさんやん」

「あれも、脱毛したいよね」

「それだってバンコクでやればいいよ」

「やるやる！」

と、そんな会話をしながら道を歩き、サロンに到着。バンコクにはさまざまなネイルサロンがあって、地元の人が行くようなローカルな店から、セレブが行くような一軒家のサロンまでさまざま。

我々が行ったのは、ショッピングモールの中にあって、ややローカルだけど、日本人や西欧人の駐在妻が好みそうな清潔で明るいサロン。スタッフも綺麗な女性たちだ。

メニューから、数え切れないほどのアート（爪に描く絵）を見ていたのだけど、見すぎると選べなくなり、結局手のジェルネイルはシンプルなフレンチスタイル、足のペディキュアはアートなしの一色で、とオーダーした。

「ＯＫ」と綺麗なお姉さんが答え、施術のためのリクライニングチェアに座った。チェアはサロンに4台ある。予約を入れずに来ると、たまに満員で待たされるとクリナが言っていた。

メルヘンなキャラクターの柄のクッションを腰にあててくれ、ペットボトルの水もだしてくれてサービスがいい。

「色はどうしますか？」と言われ、爪のチップの見本を渡されたので、どんな感じにしたいかあれこれ考える。んー、大人系？　清純派？　セクシー系？

「先に足のケアからしますね。その間に考えておいてください」と、泡ぶくの足湯で丁寧に足を洗い、クリームで軽くマッサージもしてくださる。ああ、極楽ですぅ。

そのとき、ふとあることに気づいた。

私の足を洗ってくださったのはゲイのお姉さん（お兄さん？）ではありませんか。綺麗にメイクをして、ロングのストレートな髪も後ろでひとつに束ね、女子力高い。彼女（と言うことにしよう）の爪だって、すごく綺麗にケアされていて、女子以上といえる。

それからというもの、彼女の一つひとつの所作をじっくり観察。まずは動きがぶりっこ。足を洗うのだって、マッサージだって、優しいタッチなわけ。

「色は決まったかしら？」

声もやや低いし、英語のせいか、なんだかセクシー。ネイルチップの見本色の中から、ボルドー色と薄いピンク色を指さし、

「この2色をランダムに混ぜてフレンチにしてほしい」と伝える。

常夏バンコクなので、元気いっぱいの色にしてもよかったけれど、なんとなく彼女の存在により、私にはやはり「女」っぽさ（つまりしっとりとした色気？）が必要だわ！　と思ってしまった。単純きわまりなし。

「OKよ〜」

そう言うと彼女は足湯をしまい、手のジェルネイルを始めた。

じっとやり方を見ていると、日本とそう変わらない。甘皮を取り、爪の形を整えてくれて、それから必要なトリートメントの液体などをつけたりして、フレンチスタイルにとりかかった。

フレンチスタイルは、爪の上から2〜5ミリ程度だけ色を塗るスタイル。

丁寧にマニキュア用の筆で爪先に色を塗り始めていったのだけど、次第に爪を飛びだして指にボルドー色がにじんだ。しばらくはそれを見守っていたのだけど、それがほぼすべての指ではみだしているから、

「あの、ここ……」と指摘すると、彼女はアイラインのばっちり引かれた大きな目で私をじろりと見つめる。

一瞬、言ってはならなかった？　と、緊張が走る。

「ええ、わかってるのよ……でも、(間を置いてから) アフターで」

どきん！　え、何、アフターってなんだ、何があるんだ！

ムダにドキドキさせられる。いったいこれは、なんの技？

彼女は引き続き黙って作業を続ける。もちろん指にボルドー色をはみださせながら。しかしなんだろうか、彼女の毅然とした態度に、思わず「はい！」と言って、心の中で「この人へたくそなんじゃないの〜？」と疑っていた自分を恥じた。

単純に、色気にやられる男性って、こんな感じなんだろうな〜と、のぼせてきそう。

お約束通り、彼女は最後に、つまりアフターに、しっかりと指にはみだした分を拭き取り、完了した。

「どうかしら？」

「素敵です！」

たしかにうまい。あの、はみだしまくりのボルドー色は姿を消し、美しいフレンチスタイルが完成している。けっこう手先が器用なのかもしれない。次回は、アートネイルをしてもらいたいくらいだ。

その後、足のペディキュアもやってくれて、明るいピンクとベージュをランダムに塗ってもらった。

後で思えば、手と足の組み合わせが悪かった。手は色気しっとり系なのに、足下は元気いっぱい系という感じ。間違えた？　きっと、まんまと彼女の色気にのぼせていたのが、手をやってもらっているときだったのよ。私、男に生まれなくてよかったかもしれない。まあ、合わせて３０００円程だし、いいとしようか……。

お会計を済ませ、スニーカーを履いて帰ろうとすると、例の彼女が叫んだ。

「ダメよ！　ビーチサンダル履いてちょうだいっ。そんな靴履いたら、せっかくのネイルがよじれちゃうかも」と言う。

ペディキュアはジェルネイルではなくて、マニキュアを塗っただけだから、ＮＯ！　らしい。うーむ。それでも、十分にネイルは乾いている気がするのだけど。

「ダメダメ、スニーカーなんてダメ。ほら、どの色のビーチサンダルにする？」

お会計カウンターの棚の下に並んだ大量のビーチサンダルをその場に広げる。赤やピンク、紫やオレンジのビーサン。それも、キラキラのビーズがついた可愛い仕上がり。

こういう客が多いうえ、彼女たちも徹底して「ダメダメ」と言って買わせて、履かせるのだろう。

まあきっと、タイの女子にとって、足にペディキュアをするときはビーサンを履いてくるのが当然で、スニーカーでネイルをしに来るなんて、とんでもないって話なのだろう。

ああ、出費だわ〜。５００円くらいだけど。

そう思いながらも、そばで「ダメダメ！」と言って大きな目でアヒル口をされるとたまったもんじゃない。

「次回はこれを履いてから行くわ、必ず！」

帰り道、オレンジ色のビーサンと、明るいピンクとベージュの足の爪を眺めながら、そうクリナに宣言する。

「まあ、でもやっぱり足下が可愛いとテンションあがるな〜」

「誰かに見てもらいたくなる！　私の足を見て！　って」

「そうね、これがスニーカーじゃあ、直接の感動は味わえないものね」

女の子である喜びは、常々、些細なところでさえ、ひしひしと感じていたい。そのあたりも、「ダメダメ」と例の彼女が言う理由のひとつなのかもしれないな。

パワーストーンを作って柔らかく素直な女になる
――駐在妻御用達のヤニンさんによるスピリチュアル鑑定

私は大学を卒業してから、サイバーエージェントというIT企業に入社し、関連会社の出版社に退職するまで出向していた。会社には、山川健一氏というロックな編集長がいて（本業は作家で、通称ヤマケン先生）、彼に編集スキル（魂の部分のほうが大きいような）を育ててもらいながら年齢の離れた姉貴たちと切磋琢磨して本を作ってきた。平均年齢の若いサイバーエージェントのどの部署にもない色の会社。それが、私にとっての社会人ワールドのすべてだった。

ところで、私の名前を「のぞこ！」と呼び始めたのはヤマケン先生で、長期の旅行中も、何度もメールを交わし、安否の確認とともに、経験により自我の内側の世界が広がることを応援してくれていた。

そしてこのたび、ヤマケン先生から、こんなメールが届いていた。

「で、のぞこさ、なんか最近面白い神秘体験はあった？」と。

ここでいう『神秘体験』というのは、つまりスピリチュアル的というか、オカルト的というか、そういう不思議な体験はなかったかということ。

働いていたとき、編集部では占いや霊能者の本、『「臨死体験」を超える死後体験』で著名な坂本政道氏の本などさまざまなスピリチュアル本を出版していた。

その出版に至る取材中、私と編集長（ヤマケン先生）は一緒に幽霊に遭遇したり霊能者に出会ったりする体験を幾度となくするから、「のぞこ、お前がいると、不思議体験をする」というのが、彼の中に生まれた確信だったけれど、私的には「そんなはずはない」という気持ちが強かった。


「ねえ、クリナさ、バンコクってスピリチュアル的なこと、何か面白い話あるの？」と、子供たちの小さなTシャツを室内で干している彼女に向かって聞いた。外は雨が降っている。

「あるよ、あるよ、とくに最近は駐在妻に大人気のパワーストーン屋さんがあるの」

へ〜。

しかし、正直、パワーストーンはもう卒業しようと思っていたところだった。なぜなら過去にパワーストーンを使ってブレスレットを作ってもらったことが数回あるのだけど……。

黒いオニキスの石で「魔除け」とか、薄い透明の紫やブルーのフローライトで「直感力を高める」とか、淡いピンク色のローズクォーツで「恋愛を育む」とかなんとか。

結局、糸が切れてストーンがバラバラになったり、割れたり、色が薄くなったり、失くしたりして、聞くところ、「それが全部身代わりになっている証拠！」と言われて、逆に私は怖くなってしまった。

パワーストーンなしじゃ生きられないのは困る。それに、日本で作ると、諭吉先生を出さないといけなくなるほど、高いんだもの。


「高いの？」

「いや、バンコクだもの、日本の半値くらいじゃないかな」

「ふむ。でさ、駐在妻に大人気って理由はなんなの？」

「それが、石を見てくれるヤニンさんというセラピストがいて、彼女がけっこうな霊感の持ち主でいろいろアドバイスしてくれるみたい」

ほう。

パワーストーンだなんて、旅にでた29歳からまったく触れたことがない。いっぽうで、私の生活は大きく変わった。仕事を辞めて、旅にでて、女性としての転換期を迎える結婚や出産とは真逆の方向へと突き進み、旅作家になりたい！　という夢に向かって走り始めた。

けれど、最近はもっぱら「旅を終えて帰る場所」が空っぽの部屋というのが寂しくもあった。空っぽの部屋とはいえ、実家でもちろん両親はいる。でも、それは自分が築いた家族ではなくて、生み育ててくれた家族のいる場所。私にとっては大きな違いがある。

されど、私のわがままな生活に合わせてくれる人なんているのだろうかとも思うし、だからといって夢を諦めることもできない。

「早く出産しといたらよかったと思うよ」とか、

「老後寂しいよ」とか、

「離婚したっていいから、一度結婚してみなよ」とか、

「子供なんて、産んだら可愛すぎて夢も半分でよくなるよ」なんて言われたって、どうも踏み出せない。

自由奔放であることは、夢を叶える過程で必要な土壌のようなもの。それでも、夢半ばに成功しなかった未来、「ほらみたことか」と言われる怖さもある。「それでもやる」という自分への誓いはとっくにしたはずでも、不安がないわけではない。

「なんか、久しぶりにパワーストーン作ってみようかな」

「じゃあ、明日さっそく行こうか。朝早いほうがいいかな、混むんだよね」

「うん、ありがとう。久しぶりにワクワクする」

「じゃあ今日は、まず雨も止んだし、ちょっと屋台でも行ってランチをしようか」

雨上がりのグレイ色の雲間から太陽がゴールドの光を放ち、雲の輪郭が輝き始める。これからきっと、気温があがる。


翌朝、8時に子供たちを学校に送りだし、すぐにヤニンさんのいる「Goharn Stone Collection」という店に向かった。日本人が多く在住する地区スクンビットにある。

お店の中は白く透明感があって、中央で太い柱が天井まで突き抜けていて、その柱に完成されたパワーストーンのブレスレットやイヤリング、指輪などが展示されている。

壁側にある棚にもストーンアクセサリーがたくさん置かれ、一粒一粒ストーンが買えるように色・種類別に無数のストーンが入ったクリアケースも何個か置かれている。

私たちが来たとき、ちょうど日本人女性がヤニンさんに見てもらっているところだったので、しばらくストーンを眺めながら待った。

これほど綺麗な色の石が自然の一部から生まれたのだなんて、神秘だ。

20分ほどで我々の番になった。

お店の奥にあるテーブルのほうに行き、椅子に座った。

「どうぞこちらに」

「パワーストーンのブレスレットを作るのは、あなたですか」

「そうです。どんな石がいいか教えてください」と言うと、ヤニンさんは異次元を見つめるような目で私を見る。

見透かすような感じで、こういう目は過去に何度か出会ったことがある。この世界には存在しない情報を未来や過去、異次元の世界から引っ張ってきたり、守護霊なんかの声を聞いていたり、前頭葉あたりでビジョンを見ていたり、やり方は違っても、そうやって質問の答えを導いてくれる人たちが、世界にはいるのだ。ここにヤマケン先生がいたら、さぞかし喜ぶだろうなと思ってしまう。

ヤニンさんには日本人スタッフが通訳してくれるので、会話に困ることがない。ブレスレットを作る仕組みは、ヤニンさんの鑑定により、石の色だけを言われる場合もあるし、石の種類を言われる場合もあって、いずれにせよお店にある石の中から自分で一粒一粒を選ぶのだ。

選び終えたら、通訳の女性かヤニンさんがブレスレットにしてくれる。

「さっそくですが」

ごくり。しかし、ここでだいたい何を言われるか見当はつく。過去の占いでも、幾度となく言われた「アナタは強い」「アナタは男みたいです」の言葉たち。おいらは、生まれる性を間違えてしまったか？　まあ、そう言われるだろうよ。

「あなたは、少女のようだと言っています」

「はい？」

「少女のような内面だと」

「だから、はい？」

ちょっと、ヤニンさんてば、あたらないいんじゃないの？　と思いながら、顔がにやついているのが自分でわかる。

「えっと、そうなんですか？」

「でも、なんか心の中にキューブが見えると言っています」と通訳の女性は言った。

「キューブ？」

ヤニンさんが、小さな紙に四角い立体的なキューブの絵を描いた。

「心の中に、このキューブがたくさんあって、固く閉ざされているようです。何かを頑張らなきゃと意識しすぎたりして、柔らかさを失ってしまっているみたいですよ。頑固ですか？」

「はい、頑固です」

「女性らしい柔らかさが必要とのことです」

「つまり、キューブの中に少女が閉じ込められているとでも？」

「少女のような内面がありながら、たくましさや強さが前面にでてしまっているみたいですよ。このキューブは固いらしいです」とヤニンさんの言葉を伝える女性。

　固いキューブという牢屋に閉じ込められた少女の自分を思い浮かべる。なんて可哀想な私……。

　というかよ、こういうときって、とかくイケメンの王子が白馬に乗って現れて、ダークサイドの敵や悪魔と戦ってくれるのではないの？　王子のキスで魔法が解けるのを待っち

ヤニンさんがメモした私の中にあるキューブと必要な石の色や種類

ゃいけないの？　まあ、今の自分なら、自分で戦っちゃいそうだものね、あっはっは。

「カッとしたり、ストレスを感じたりしませんか？」と女性は続ける。

たしかに旅にでて、瞬間的に怒ったり言い返したりすることが増えたし（だって、そうしないと世界ではなめられる）、知らない土地を歩くだけで、ストレスを感じることも多々ある。

「それで、どうすれば」

と言うと、ヤニンさんは「BLUE」と「PINK」と紙に書いた。それから、「LABRA」と。

「まず、柔らかさ、女性らしさ、愛で満ちるような色がピンクで、青は冷静さ、落ち着き。それからラブラドライトという石があって、これが直感力とか、創造性、インスピレーションを高めてくれますが、自分の世界、思いにこもりすぎないようにしてくれる石です」と説明してくれた。

自分らしく生きようとか、夢を諦めたくないという思いに、私は逆に固執しすぎていたのかもしれない。もっと気を楽にのびのびと未来に向かっていけばいいのだ。

「あと、他に自分の好きな石をひとつ選んでくださいね」

そういうわけで、お店にあるたくさんの石から選ぶことにした。指定された色の石は、何種類も選んでよいそうなので、ピンク色の石はローズクォーツとピンクオパール、青い石はアクアマリン、ブルートパーズとソーダライトなどを選び、それにご指定のラブラドライトを選んだ。ラブラドライトはグレイ色で渋い。

あと自分の好きな色か……。

しばらく迷い、フローライトにした。フローライトは、私が初めてパワーストーンでブレスレットを作ったときの記念すべき石。あの頃はさて、何歳だったろうか。

過去に戻りたいとか、昔がよかったなんて、ちっとも思わない。今が一番いいと思っている。でも、なんとなく目についたフローライトは、純粋に「これからの未来」にワクワクしていたあの頃の自分の気持ちを思い起こさせた。

フローライトは、紫系ではなくて、ご指定の青系にした。まるで美しい地球を思わせるような色味が気にいった。

「これにします！」

そう言って、石を持っていくと、通訳の女性がブレスレットにしてくれる。ただし、石の並べ方は、自分で決めてくださいと言うので、こんな感じで、と並べた。

帰りのタクシーの中で、

「のぞ、どう？」とクリナに聞かれた。

「うん、なんかワクワクする。キューブの中に閉じ込められた少女を早く助け出したい」と言うと、

「うん、早く助けよう。でもさ、そのブレスレット、まさに性格が表れてる」とクリナは言った。

そう、自分で並べたストーン、輪っかの半分がピンク系、反対の半分はグレイ、ブルー系とダークな色合いになっている。まさに二重人格的なブレスレットだ。

「いや、初めピンク色が8割だったんだけど、石を入れ替えたりしてたら、半々になってしまって……」

「ほらほら、女性らしさが閉じこもっていっちゃったわけね。はは、これからが楽しみね」

腕につけたブレスレット。片側から見るとピンク系しか見えないのに、腕をひっくり返すと、ダーク系の色だけになる。

「ギャグみたいだわ！」

「ほんと、マンガのようだわ！」

まるで、太陽と月、男と女みたい。どちらもある。でも、やっぱりこれが私らしいんだろうな。

「あ、そのブレスレット、だいぶ遅くなったけど、のぞの誕生日プレゼントにしよう！」

クリナが嬉しそうに言ってくれた。

腕にぴったりはまったブレスレットを眺め、歳を重ねることを幸せに思えた。

美味しい屋台料理は美の宝庫 ——地元のイケメンとの交流で胸きゅん、気づけばおかわり3皿目

いろいろな国に行く楽しみに、異国の料理を堪能したいという食いしん坊魂がある。ただ、大抵の異国の料理は日本で味わえてしまう。それでもやっぱり、異国を旅しながらその土地の料理をいただくのは、ひと味もふた味も美味しさが違う。

よくよく舌とお話をすれば、「やっぱり日本で食べたほうが洗練されていて美味しいよね」なんてこともあるのだけど、その土地で生まれた料理はその土地の気候や風土、建物の中、その場で出会った人たちといただくというのが、美味しさ倍増の理由といえる。

その中でも、とくに現地のほうが美味しいと思える異国料理がいくつかあって、たとえばフランスの古いビストロやトルコのシーフード料理屋、スペインのバル、インドのカレーやB級グルメの屋台、そしてタイの屋台やローカル食堂なんかでは、ただ料理が美味しいとい

うだけでなくて、その場の雰囲気も異国情緒たっぷりで、満足感にひたれる。

そう、私にとってタイの魅力のひとつは、無数に存在する屋台料理やローカル食堂での食事にある。日本だったら、お祭りのときにしか行けないような屋台が毎日、朝から晩まで営業しており、地元の客や観光客であふれ、活気に満ちている。

そこで出される料理はさまざま。バラエティ豊富なお総菜をテイクアウト専門で売っている店もあれば、テーブルや椅子が用意されて、その場で食べていける店もある。

総菜系は大抵赤い唐辛子入りで、いかにも辛そう。タイ料理として日本でも食べられるパッタイやヌードル、炒飯、グリーンカレー、レッドカレーなどのオールスターズも、屋台やローカル食堂で気軽に食べられる。何より安い。

もちろん、これはアジアの多くの街も同じだ。とくにバスや列車のターミナル近くや市場、メイン広場のような場所にはたくさんの屋台が揃い、活気がみなぎっている。

ただ、バンコクというのは、大都会であるにもかかわらず、屋台が狭い路地にひしめき合い、その間を車やバイクが行き交い、時にタクシーが止まったかと思うと、ドライバーが屋台で昼食を食べたりする。

セブン-イレブンの出入り口付近や、高架式の鉄道BTSの駅下にもぽつぽつとあるし、大学の敷地内やオフィス街の裏路地なんかに密集しているのも、よく見かける光景。

屋台やローカル食堂というものには、日本の祭りやイベントのときにだけでてくるような特別感はまったくなく、日本的にいえば、コンビニエンスストアのように自然に街に溶け込んでいる。

これには、タイの生活事情が関係あるみたい。

「タイのほとんどの人って家でご飯を作らないらしい」

そう聞いたことがあると、クリナが言った。

「キッチンがないアパートに暮らす人が多いから、必然的にお昼や夜は外で食べなければいけないんだって」

なるほど、だから屋台やローカル食堂がどこにでもあるわけか。ようは、家の野外キッチンという感じ？

「そういえば、こないだ、朝散歩してたら、果物の屋台でジュースやカットフルーツを買って歩いてるお姉さん見たよ」と私が言うと、

「そうそう、みんな朝からビタミンをしっかり摂ってるよ、タイの女の子」とクリナ。

「果物安いし、新鮮で美味しいし、毎朝黄金のフルーツをたらふく食べられるなんて羨ましいなあ。ビタミン満点だしねえ」と私は言った。

「うん。それから会社行ったりするタイのOLさん、多いよ」

へ〜。

前に一人で屋台にいたとき、スタイル抜群で、肌も綺麗、サラサラしたストレートヘアの素敵なタイ女子が颯爽とやってきて、

「おじさん、いつものアレ、今日はちょっとスパイス利かせてね。あ、大盛りで！」なんて言っていた（ように聞こえる）。

基本的に、屋台で食べるようなB級グルメ類というのは、非常に脂っこく、味付けも濃い。

もちろん、私はそんな屋台料理が大好物。タイだって、マレーシアだって、インドだって、どこでも挑戦はする。あ、ゲテモノ系・ニオイの臭い系はのぞいて！

大抵は美味しくて、やっぱり食べすぎるし、当たり前だけど太る。だから屋台の多い国は危険！　というのが旅女の認識である。

だけど、こんなスタイルと肌の美しいタイ女子が屋台の料理をもぐもぐ食べていると、それだけで……、

「ねえ、知ってる？　タイの屋台料理だけは、どうも美容にいいらしいよ！」

と、ホラを吹きそうになる。いや、それがもしかしたら、ホラでもないかもしれなくてよ？

後日、クリナとランチに屋台に行こうということになった。道を歩けば屋台に出くわすから、どこにしようかな〜と迷う。

ちょうど昼時なので、人も多い。おじさんやおばさんも来るし、子連れのママまで来る。昼のバンコクがにわかに活気づいてくる。道路からはプップーだのプププーだのクラクションがひっきりなしに鳴っている。

「あ、そういえば、セーウ（Seaw）っていうローカル食堂に行かない？　クイッティアオを食べよう」とクリナが言った。

「クアオテアイ？」と、舌を噛みそうになる。

「クイッティアオ。ライスヌードルのことね」

在タイ日本人から美味しいと評判のよいクイッティアオ専門のお店だという。

バンコクの屋台にはご飯類や麺類、肉類、魚類、炒め物類、スープ類と、どうカテゴライズしたらよいのか難しいけれど、多種多様な屋台料理が存在する。

それに、カオマンガイというご飯に蒸し鶏を載せた料理なら「カオマンガイ屋さん」があるし、タイスキという肉や魚、野菜などがたくさん入ったタイ風鍋なら「タイスキ屋さん」があるし、専門料理の屋台や食堂が多い。

「そのね、クイッティアオで有名なセーウは、クイッティアオ一筋30年の老舗らしいよ。地元の人も大好きみたい」

「へー！　私ね、老舗って大好きなの！　それに、ライスヌードルも大好きよ！」

カモン！　ゴーゴー！　と、お腹がぐるぐる鳴り始める。

得意の横座りバイクタクシーで向かう。スクンビットソイ49に入ってすぐ、左側にその店はあった。

「そうそう」とクリナが店に入る前に言った。

「バンコクの屋台とか、こういう店って、一皿の量が少ないから、足らなかったらおかわりしようよ」と。

ワンダフル！　でも、

「もちろん〜。でも、1皿で大丈夫じゃな〜い」と、一応言う。

いきなり、「あたぼーよ！」なんて言ってはならぬ。だって、私は今、女子度をあげるためのレッスン中。

中には4人がけの簡単なテーブルが8卓ほどあり、すでに多くの地元客が座り、美味しそうにヌードルをすすっている！

店頭には料理場があって、クイッティアオが並んでいる。その横では大きな鍋でクイッティアオを茹で、お碗に入れ、スープを上からかけ、具材を載せ、注文された分を作っている。気づいたけれど、クイッティアオは麺の太さ別に置かれていて、それぞれ名前がついているらしい。

だから、注文する客は、

「バミー！　スープなし！」とか、

「センヤイ！　スープたっぷり！」なんて言って頼んでいるよう。

バミーはライスではなくて小麦の麺らしく、黄色い。日本のラーメンに似ている。スープありはバミー・ナーム。スープなしはバミー・ヘーンと呼ばれる。そして、ビーフンほどに細いライス麺はセンミー、うどんほどの太さがセンレック、きしめんのように平たく太いのがセンヤイと呼ばれる。

「えーどうしよう」

「何がいいかなあ」

「とりあえず、この大量にあるクイッティアオの麺の太いのにしようかな」

料理場で、「コレ」と麺を指さし、作ってもらう。さっと茹であがった麺の上に、はんぺんのような団子とパクチー、ネギ、豚肉などを載せて、透明のスープを入れてできあがる。

お店の人がテーブルまで運んでくれた。

「美味しい！　スープにも味がちゃんとあるねー」

「さっぱりしていて、いいね～」

味付けはせず、そのままでも日本の塩ラーメン風で美味しいけれど、テーブルには調味料が置かれているので、好きに味の調整ができる。

調味料は、ナンプラー、粉末唐辛子のプリック・ポン、唐辛子入りの酢プリック・ナムソム、砂糖。各自好きな味に仕上げるのが常識。

私は辛いのが大好きなので、プリック・ポンをたくさん加えていたら、麺が赤くなり、想像以上に辛くなってしまった。

それでも、ぺろりと平らげてしまった。スープまで全部飲んで、ものの5分だ、本当に。

向かいに座っているクリナも、ほぼ同時に食べ終わった。

二人でなんとなく周りをきょろきょろして、他に何が人気なのかをチェックしてしまう。

「ということで、クリナさん、もう一皿いくよね？」

「ええ、いきますとも」

すると、通路をはさんで隣のテーブルに座っていた二人のお兄さんのうち、体型の細いほうが英語で、「何かお困りですか？」と聞いてくれた。地元に住んでいるイケメンたちみたいだわ。

「えっと、何かオススメは？」と私。

「そうだなあ。バミーのスープありか、なしか……、クイッティアオも美味しいですけどね」と言う。

「クイッティアオは食べました」

「じゃあ、バミーで。ボクが注文してあげますよ！」

そう言うと、細いイケメンは店頭の料理場に行って、勝手に料理を頼んでくれている。

「日本人ですね、旅行ですか？」とテーブルに残ったマッチョなイケメンに聞かれた。

「そうです」と答える。けっして、「滞在してます」とは言わない。やっぱり、たとえ親切にしてくださっても、どんな人かなんてわからない。滞在しているなんて情報は、危険が多いから伝えない。

それでも……

「二人ともとっても綺麗ですね！」

と、歯並びの美しい白い歯を見せて微笑まれると、どきんとするわよ。そのむきっとした腕も素敵だし。

「そんなことないですよ〜。ありがとうございます〜」

何よ、バンコクってば昼間から攻め攻めモードなわけ?

なんて思いながら、顔がニヤついている自分は鏡を見なくとも想像できる。だって、30歳も過ぎれば、お世辞でも綺麗だなんて言われたら嬉しいんです。

バンコクに来てから、肌のピーリングやら美白やらサラサラヘアーやら身のこなし方やら、うんと注意するようになった結果がついてきてるんじゃないかしら?

「のぞ、もう食べ終わってる!」

クリナの声で現実に戻った。

今度はものの3分だった。運ばれてきたバミー、私のほうが汁なしで、クリナのほうが

バンコク・コーデで再びセーウへ。このときは一人2皿完食

汁ありだったのだけど、イケメンの言葉を頭で反芻しているうちに、口はもぐもぐと動き、麺を食べるというよりは飲み込んでいたらしい。

「これ美味しいんだもの！」

そう言って、「ごめん、クリナ、私いっちゃう（だって、味覚えてないし）」と伝えて、再び同じものを注文。今度はしっかり味わいたいの！

我々のテーブルに６皿が並ぶ。

「ああ、もうダメだ、動けない」

一人３皿ずつ食べたことになる。隣のテーブルのイケメンたちは我らの食欲をニコニコして見届け、「じゃあ、タイを楽しんでね」と店を出ていった。

「なんかも〜バンコクって太るよね〜」と空いた食器を眺めながら言うと、

「のぞが来てから、太ったよ！」とクリナが叫ぶ。

「え？　でも大丈夫、綺麗なバンコクのお姉さんも屋台で大盛り食べてたの見たよ！」

「３皿はないぞ」

「でも、大丈夫！　食べて綺麗になるよ！」

と、ホラを吹く私。いや、でもやっぱりホラでもないかも！

お会計をしようとすると、お店のおばさんが、

「さっきの人たち（イケメンたち）、あなたたち美人さんの分もって、お代は払ってくれてるわよ」と言うじゃありませんか！

お礼を言うにも、もう彼らは店をでている。なんてこと！　なんて素敵なあしながおじさま！

「ほら、クリナさ、やっぱりバンコクはさ、屋台料理を食べてたら綺麗になるよ！　胸がきゅんきゅんしない？　今ので、もうカロリー消費したもの！」

そうよ、美味しいものを食べ、心をときめかせ、「ハッピー！」だなんてニコニコ顔でいられること。それが一番、女の子がキラキラ輝いて、綺麗でいられる秘訣なんじゃないかしら。

ムエタイを観戦&体験レッスン——トキメキながらストレス発散して引き締まった体になる

アジアティックにムエタイを観に行った。アジアティックは試合を観に行くというよりは、古代ムエタイのショーがメインで、ショーの後に2試合だけある。だから、本格的なムエタイ試合を観たいならスタジアムで観戦するほうが断然迫力があるらしいけれど、お買い物ついでだし、まだ三男は小さいし、若干エンターテインメント性があって楽しめるアジアティックの「MUAY THAI LIVE」にしてみた。

その日は週末だったから、クリナと子供たち3人と私の5人で行く。スタートは夜の8時なので、少し早めにチケットを買って、アジアティックの安くて可愛いお洋服などを買い物したり、子供たちはアトラクションや観覧車に乗ったりして待った。

ムエタイを見るのは初めてだったけれど、正直ここまで興奮するとは思っていなかった。

あんなにお腹から声がでるなんて、久しぶりだった。

会場はほとんどが空席。中は薄暗く、外の猛暑と違って涼しく、夜8時というのもあって、なんだか眠ってしまいそうだったけれど、突然全員起立する。「え？」と思っていると、国歌のような歌が流れ始めた。

「国王讃歌。タイは映画館でも始まる前に起立するんだよ」

とクリナに言われた。驚いたのは、小さな3男児が「立ちなさい」と言われることなく自ら起立して、国王讃歌が流れ終わるまで両手をピシッと下げて直立不動でいたこと。

「3人ともちゃんとしてるね」と遅れて直立不動しながら隣のクリナにこそっと言うと、

「いや、正直私も驚いてる。たぶん学校でちゃんと教わるんだろうね」と言った。

国王讃歌は、国歌とは違い、王室を賞讃するための歌で、映画の上映前だけでなく、こうしたショーや演劇などの前でも流れるらしい。驚くべきは、国歌も国王讃歌も、歌が流れている間は必ず直立不動しなければならず、それをしない場合には、警察に不敬罪として逮捕される可能性があるという。

「おお、国が違えばカルチャーも違うもんだね」と、あらためて思う。

国王讃歌が終わり、一同席に座ると、ステージ前方の巨大スクリーンに古代ムエタイの戦士の映像が流れ始めた。いよいよショーが始まる。音響具合がよく、体に振動が伝わってきて、こちらのテンションもあがってくる。

ムエタイ「Muay Thai」の「Muay」はタイ語で格闘技のことで、「Thai」はもちろんタイ王国のこと。13世紀、タイ族が南下してから、スコータイ王国の軍隊の実践格闘技として始まったという伝説があるらしい。

これまで語られることのなかったムエタイの起源や英雄たちの物語を、演者がステージで戦いのパフォーマンスをしながら、観客を古代ムエタイから現代ムエタイまでの時空旅行に誘ってくれる。

スクリーンのど真ん中には英語で、両サイドには中国語、日本語などでストーリーが簡単に紹介されるからほとんど観光客向けに作られたムエタイショーなのだ。

さて、舞台はアユタヤ時代からスタート。音楽に合わせて、いきなり上半身裸で、腰に茶色い布を巻いただけのようなパンツを纏った戦士たちがステージに入ってきた。

足を高くあげながら、パンチポーズ、足をあげて、パンチポーズ……。

8パックに割れた腹と私よりも大きいだろうもっこりした胸筋。そして筋骨隆々たる二の腕。これまた褐色の肌に超似合う！

「キャ――――！！！」

肉体の美しさに思わず拍手！　隣のクリナも思い切り手を叩いている。前の席のアジア人

（おそらく中国人）の女性も思い切り手を叩いている！

「あのさ、あのさ、あの二の腕にくった輪っかみたいなヒモみたいなのが、胸きゅんなんだけど〜」

「わかるよ〜。選手は入場するときに額と腕に輪っかをつけてるんだよね。頭に巻くのはモンコンっていうんだよ」

「へ〜」

クリナの子供たちは3人ともバンコクの道場で空手を習っている。そこではムエタイのレッスンもあるらしく、幾分ムエタイについても詳しいみたいだ。さすが、男児の母。

ちなみに後で調べたところ、腕輪はパープラチアットといって、モンコンと合わせて、勝利のためのお守りらしい。今はアクセサリー的な意味もあるらしいけれど（とくに外国人がする場合は）、もともとはタイの僧侶に祈禱して編んでもらっていたりと聖なる由来がある。

ステージでは、戦士たちは敵味方に分かれて一対一で向き合い、ムエタイの戦闘シーンのパフォーマンスをする。それが、迫力満点！……なのは効果音。

ドス！　ドス！　ドス！　バシッ！　ボキッ！

実演では、顔面パンチが寸止めだったり、キックも手加減している様子なのだけど、効果音が迫力ありすぎて、かなり激しい戦いに思えてしまう。

「こわーい」と三男が泣きそうになっている。

やがて戦闘シーンが終わり、その中で最も強い英雄プラ・チャオ・スア、通称トラ王が誕生する。

皆がトラ王にひれ伏す姿はいささか滑稽だけれども、ムキムキたちをひれ伏させる王の威厳は感じられたし、それもまた拍手！

「キャ――――！」

なんだろう、あの選手たちがパンチをしながら、「うしっ、うしっ」と吐き出すような声を漏らすのがたまらない。空手や柔道の「押忍！」っていうのとは違う。武道の礼儀作法的なものじゃなくて、吐き出される吐息に色気がある。

その後、ナーイ・カノムトムというタイの小学校でも教えているという伝説の戦士の物語になった。

話は、ミャンマーとタイが戦争した18世紀、タイに勝利したミャンマーはアユタヤを占領した。そのときに多くのムエタイ選手が囚人となった。

ミャンマーの王は、ムエタイはタイ人が強いことを知り、タイで最も強い選手とミャンマーの選手10人とを戦わせる試合を行った。そのときタイで一番強かったのがナーイ・カノムトム。

王は彼に、「勝てば自由を与えるが、負けたら首を斬る」という条件をだし、目の前で試合を決行する。

ステージの上のほうから王様役が見下ろしている。

そうして、ステージでは10人ほど（正確には数え忘れた）の選手役とナーイ・カノムトム役が戦いを始め、お決まりの効果音ドス！　バキッ！　が連発され、最後はもちろんナーイ・カノムトムが勝つ。すると、上から王様が「パチ、パチ、パチ」と含みのある拍手をする。思わず観客は上を眺める。

ちなみに、歴史上の伝説のナーイ・カノムトムは、王に「戦いの条件」を出されたときに、「タイでは神様と両親とムエタイの恩師を守り敬う習慣があるから、そのための祈りの踊りをする時間がほしい」とお願いし、王はそれを受け入れた。そうして、10人の選手と戦う前に、祈りの踊りをしながら、地形を覚えて作戦を練り、勝利を手にしたそうな。

その踊りは「ワイクルー」といって、現代のムエタイ試合でも恩師へ祈る踊りとして試合前の儀式として行われる。

見応えがあったのは、スクリーンにムエタイの技の紹介が流れ、実際にステージでも一対一でその技を次々に披露してくれるところ。激しい蹴り、パンチ、肘うち、膝蹴り。大音響の効果音も相変わらず利いている。

褐色の肌と肌が向き合い、絡み付く姿から、ムエタイがいつしか芸術的な美しさでも讃えられるようになっていったのが、納得できる。惚れ惚れ、という感じよ。

「のぞは、違う意味で惚れ惚れでしょ？」とクリナ。

「見終わる頃には、女性ホルモン分泌過多になりそう」と私。

これほど見入ってしまう理由に、皆がイケメンというのがある。俳優みたいに美しい。いや、もはやこれはショーだから、皆さん正真正銘の俳優さんだろうけど。

街中でも、タイの女性が美しいように、一般男性もかっこいい人が多い。体は小柄で痩せ型だけど、顔は肌がスベスベなうえ（遠目でわかる。残念ながら触っていない）、目鼻立ちが整っている。綺麗な二重とすっとした高い鼻筋、立体的な顔は西欧人とのハーフのよう。

その後、ショーは現代に移り、最終的にはショートコント劇のようになった。話は、英雄役の男性が結婚を申し込んだ彼女に振られた直後、彼女が悪党たちに絡まれ拉致される。その彼女を救いだすため、彼は悪党と戦っていき、全滅させる。最後、彼女がプロポーズを受け入れて終わる。

途中、悪党がおかまちゃんだったりして会場を笑わせたり、ボス的な悪党がジャケットを脱いでムキムキの上半身を披露するパフォーマンスがあったりと、なかなか面白く作られている。

ムキムキがジャケットを脱いだときなんか、会場はシーンとしているのに、盛大な拍手を送ってしまい、

「のぞだけだよ、そこで拍手したのは！」とクリナが横で苦笑した。

というか、このショー自体が女子向けではないかと思う。男性がこのショーを見て楽しい！と思えるポイントはわからないけど、女子的には何度も「キャー！！！」と拍手する場面があるんだもの。お腹の底からね！まあ、大抵ムキムキの裸を惜しげもなく見せつけられたときだけど。

話は、英雄役が彼女に指輪をはめ、お姫様抱っこをしてキスしたところでようやく終わり。

1時間ほどの時空旅行とともに、ムエタイの歴史についてさらっと学べたのは楽しかったし、だいぶハッスルした。でも、「キャーキャー」と叫んだせいで声はかれるわ、拍手しすぎた手のひらは真っ赤！

その後、ステージがあっという間にリングとなって、実際にムエタイの試合が始まる。そ

の準備の間、ショーの役者（選手）たちと記念撮影ができるというのだ。

「行く？」と聞くと、クリナは子供たちを指さし、

「あ～ん（残念）、子供たちと待ってるから行ってきて～～～」と言うので、

「私、並んでくる」と、カメラを持って、長蛇の列の最後尾についた。並んでいる人たちは女友達といたり、カップルといたり、家族といるのに、ただ女一人でいるのは私だけ。そういう羞恥心はまったくない。

なのに……。

ようやく最後、私の番になったとき、久しぶりのトキメキ＆ドキドキが私を襲う。最近めったにそうなる機会がなかったから、よけいに！　両サイドをムキムキに挟まれて、右を見ても左を見ても小粒の顔のイケメンが微笑むんだもん。

20代前半くらいまでは持っていた羞恥心、言い換えれば、美容室でイケメンの美容師さんにシャンプーしてもらうのさえドキドキだったピュアなハートが再びビートする(本当に)！

やっぱりさ、こんなきゅんきゅんしたら、滞った女性ホルモンがバンバン再活性しそうだよー（今も一応活性はしているはずだけど）。

それで、撮ってもらった写真を見たら、

「あら、やだ、私ったら緊張しすぎてひどい顔だわ」

と、写真のプレビューを見ているクリナに言い訳する。

「のぞ、緊張のせいか？　老けて見える。アンチエイジングがんばろうよ」

「今日はかなりアンチエイジングしてるよ、たまらん」

老け老けに写った私だけど、今日で生まれ変わるんだから！　まずは、自信から。素敵なイケメンに緊張しないくらい、自信をつけるんだから‼

「お、始まる」

試合はショーではなくて、ガチの試合のようで、気づいたら観客席はショーのときより増えているし盛り上がっている。

スティックバルーンが会場から配られるので、それを両手に持って叩くようにして音を出す。バンバン！

「いいね！　いけ！」ってときには、激しく叩く。

バンバンバンバンバン！！！

だけど選手は外国人。あ〜ん！　もう、気分的にここはタイ人同士で戦ってほしかったなあ。顔をパンチする真剣な表情も、パンチされてイケメン顔が歪むのも、スローモーションで我が眼に入ってきてほしかった！

まあ、それでも初のムエタイ試合観戦だもの。楽しませていただこう！

選手は入場すると、リングのコーナーの四隅に額をつける儀式をしてから、ファイトする。

1試合目は、白人とジャマイカ人のような選手の戦い。試合自体はパンチ、キックが近距離でリアルになされているので、「おし！　いけ！」と応援の声はでるのだけど、お決まりの効果音がないからか（普通ない）、ショーのほうがパフォーマンスだというのに、ずいぶん迫力満点に感じてしまったという……。

3ラウンドやって、レフェリーが判定をして（見た目）ジャマイカ人が勝つ。

2試合目は、どこの国かわからないけれど、褐色の肌の選手と白人が戦い、褐色の肌の選手が勝った。

リアルな戦いも見れば見るほど大興奮して、会場を後にした。

帰りのタクシーでは、子供たちは眠ってしまっていた。疲れたよね？　あれ、観るだけでもお腹空くほど体力を使ったもの。

滞在中、ムエタイの興奮さめやらず、クリナに紹介してもらって、子供たちが通う道場でムエタイ体験をした。

夜の9時から1時間だけ、20畳ほどのスペースにマットが敷かれ、そこで稽古をする。奥のほうにはサンドバッグや筋トレ用のマシーンもいくつかある。

「クリナさんの紹介で……」と言うと、
「ああ、はい！　どうぞ！」と先生に促され、見学とかでなくて、さっそく一緒に練習を受けることになった。

だけど、習いに来ている人はほとんど日本人だし、女性も3人ほどいてほっとした。私と同年代か、ちょっと歳上の女性もいる。

正座をして黙想をして、それから「うしっ」と言って稽古が始まる。

その場でジャブとストレートパンチの練習。
「肩から腕を投げる感じでパンチ！　いいですよ！」

あ〜ん。もう先生が爽やかだし。

先生は、色白の日本人と褐色肌のタイ人。二人が代わる代わるみんなを指導していく。足の動かし方、パンチの仕方、目線の位置など。

ムエタイ体験で、日本人とタイ人の先生二人と一緒に「うっし！」

「では、僕の手にパンチしてみましょう！　まずはジャブ！」

左パンチね！　えい！

「次はストレート、こいっ！」

右パンチね！　いくわ！

「いいですよ、もっと肩からパンチすると力がでますからね！」

はい〜♡

日本人の先生は声がいいわね〜。

体もやっぱりムキムキしてるのが、そのＴシャツの上からでもわかるわよ〜。

という話を休憩中、さっそく日本人の女性チームに言うと、

「ムエタイしに来た動機がめっちゃ不純ですよ！」と笑われた。

それが最後のほうとなったら、不純な動機はどこへやら、パンチやキックが信じられないくらいハッスルするので、すっかりオス化。

サンドバッグにキックするときなんて、「おりゃあ！！！」なんて声に出しながら、全身の力を足に込めて蹴る。

「ああ、爽快！」

悩み事なんてあった日には、最高のはけ口になりそう（もはやムエタイと関係ない）！

「いやあ、ものすごいストレス発散になるんですけど！」

先生と組んで練習するときさえ、さっきのトキメキはどこかに隠れ、「うっし！　おら！　うしっ！　うっし‼」と叫んでいた。

練習は再び正座と黙想をして終わる。

「ムエタイ、ぜひまたバンコクに来たら体験しに来てください！　足を高くあげてキックする動きとか、肩からパンチする筋肉とか、なかなか日常で使わないのでかなり体に刺激を与えられますよ。女性だったら、ちょうどいいエクササイズだし、くびれができて、お腹も割れるようになりますから！　ストレス発散にもぜひ！」と先生が言う。

最後に、日本人の先生とタイ人の先生、どちらにもTシャツを脱いでもらい、間に入って記念撮影をした。


1時間の稽古だったのに、道場をでたときはもう夜の10時半を過ぎていた。バイクタクシーを横座りでかっ飛ばし、家に向かう。気分爽快で、思わず後ろに跨がってしまいそうだったけれど、そこですぐに「横座り！」という意識がはたらいた。

なんだかんだ、女性らしさが身に付いてきている？

ふふ、それにしても夜は道が空いているし、涼しいから気持ちいい！

「もうさ、最高よ、ムエタイ体験！　ムキムキの先生と一緒にするトレーニングも目の保養になるけどね、それよりも何よりも、パンチやキックが決まるとかっこいいんだよね、自分が」と家に帰り、早々にクリナに熱弁を振るう。

「もうさ、あのムエタイのショーに自分が出演している妄想まで浮かんできちゃった」

「どんな？」

「私は伝説のヒーローなのよ。あのナーイ・カノムトムみたいな。最近、世界中、どこでも皆武器を持って、人を殺そうとするじゃん」

「そうだね」

「そういう人たちに囲まれるわけ。皆が武器を持って、私と戦おうとするの。私もね、初めは武器を持っているんだけど、いよいよ戦うというとき、武器を地面に置いて素手素足で構えるわけ」と、構えのポーズをする。

「それで、向こうは武器を持っているんだけど、私に感動して、皆戦うことをやめちゃうっていう話を妄想してた」

「あはは。結局戦わないいんだね」

「というわけだから、明後日も行くね」

「おう、行ってきちゃって！　引き締まった体になって日本に帰ってね！　ストレスも発散できたみたいで、清々しい顔してるよ！」

その夜、ナーイ・カノムトムが私にムエタイを教えてくれるという夢を見た。でも、夢の中でも汗をかいたのか、その後は記憶になくて、翌朝目覚めたら、ここ数ヶ月で一番の熟睡をした気がした。

絶叫から始めるタイ料理教室
――美容によいタイ食材を使いこなし、料理のできる女に生まれ変わる

「のぞ、旅してるとき、食事はどうしてるの？　作るの？」とクリナがキッチンで夜ご飯の支度をしながら聞いてきた。

「うーん、一人なら、大抵は屋台やローカル食堂で食べてしまうか、宿や旅先で出会った人とレストランに食べに行くか、そうでなければ宿で自炊するよ」と答えた。

そこで、彼女が食いついたのは、「自炊!?」だった。

「のぞ、自分で作るんだね」

「あのさ、〝作る〟というのなら、一応できる」

そう、私は女友達の間では、料理はできるけど（ここ大事！）、しない子だと思われている。いや、事実そうなのだ。食後のお皿は洗うから、作ってくれたら嬉しいというタイプ。

もちろん、私が料理したものを相手が「美味しい！」と言って食べてくれる喜びや達成感を味わったこともある。だけど、やっぱり誰かの作った料理を「美味しい！　こんな料理が作れるなんて、素敵！」と、感心しながらありがたくいただくことが好き。と言うと、たくさんの人の反感を買うのだろうけど、でも、それが本音だもの。

ただ、それはなんてったって、日本での話！

実は旅にでて、海外にいる間に料理の楽しさを知ってしまったのであーる！　おそらくだけど、妻や母になったのを機に女性が料理を始めて、楽しさを知るような変化と似ている気がする。

私が劇的に変わったのは、フランスに数ヶ月滞在した間、パリで出会った日本人シェフやグルメな人たちに、美味しいチーズや肉、野菜なんかを教えてもらい、それをどう料理したら美味しく食べられるのかを学んだのがきっかけだ。

それまでチーズは臭くて嫌いだったのに、１８０度転換して大好物になったし、すっかり肉食女へとなり変わった。レアに近い肉や苦手なレバーがこんなに美味しいだなんて。

フランスには、新鮮でオーガニックなチーズ屋さん、肉屋さん、魚屋さんといった専門店があるし、週末にはマルシェといって新鮮な野菜や果物を売る市場が開かれ、買い物カゴを持って食材を買いに行く楽しさと出会った。

その後チュニジアに行き、これまた数ヶ月滞在している中で、チュニジア人家族の家に転がり込んで一緒に暮らしていたときがあって、その間に家庭料理としてのクスクスやブリックという揚げ物を教えてもらった。

私よりもずっと年下の姉妹が教えてくれて感心したし、ラマダンの時期を家族と過ごして、食べること、作ってくれる人への感謝の気持ちを持てた。

何より家族と一緒に作っていただくご飯は、レストランで食べる料理とはひと味もふた味も違う喜びがあった。

だからとくに料理ができるようになりたいとか、そういう思いがあったわけではないのだけど、気づけばいろいろと作るようにはなった、と思う。

それからというもの、自炊のできる宿に長期滞在するときは、極力自炊をするように心がけたし、出会う旅人がマイ・ケチャップやマイ・塩こしょう、マイ・醤油なんかを持っているのを見て、私もマイ・調味料をタッパーに入れて持ち歩くようになった。

そして宿に滞在している他の旅人たちと一緒にハンバーグやパスタ、サラダを作ったりして、安いワインを一緒にあけた。これまでよそよそしかった旅人たちも、美味しいご飯を前にすると、顔がゆるみ、饒舌になった。

「これ以上の至福がある？」とクリナに言うと、

「それはいいね。でもさー、のぞが皆とハンバーグを作るなんて、旅ってのは奇跡が起こるのね」と答える。

「まあね、奇跡というか、美味しいもの食べたい、分かち合いたい！　ってなるんだよね」

「えー、じゃあさ、タイ料理も作っちゃってよ」

「タイ料理？　それは屋台が安くて早くてうまい！」

「こらこら、話の論点は、〝分かち合い〟でしょ？」

「そうだったね」

タイ料理といえば、日本でグリーンカレーセットは買って作ったことがある。グリーンカレーペーストとココナッツミルクを混ぜて、鶏肉や野菜を入れて煮込むだけだったような。

「でも、そんなセットなんて、売ってるの？」と聞くと、

「いやいや、そうじゃなくて、タイ料理を習えるところがあるから一緒に行こうよ。私も興味があってさ。のぞがいるときじゃないと、腰が重くてやらないから」

「わ、わかった」

その夜、クリナとネットで「Cooking With POO」（通称CWP）という料理教室を予約した。彼女のタイ在住ママ友が教えてくれたところで、英語のサイトなので、おそらく日本人向けというわけではなさそう。写真で見るだけでも、タイ人のプー先生と一緒に作る料理

は楽しそうだ。

料理のメニューを見たら、曜日によって違うらしく、私たちが予約した金曜日は、「トムヤムガイ（チキン入りトムヤムスープ）」と「ガイガーティアム（鶏肉のニンニク炒め）」と「ラープ（ハーブ入りひき肉炒め）」。

他の曜日だったら、タイ風焼きそばのパッタイとかポメロサラダのヤムソムオーなどの王道タイ料理もあったけど、私的には大好きなトムヤムスープを作れるだけでテンションがあがる！

ちなみに、「ガイ」は、タイ語で鶏肉という意味。一方トムヤムクンの「クン」は海老という意味らしい。作り方は基本的に同じみたい。

「まず市場に行って、食材を見学してから料理するんだって」

「へ〜。市場も好きだよ〜。楽しみ！　トムヤムガーイ！」

そうして金曜日、朝8時半にＢＴＳプロンポン駅に直結しているエンポリアムホテルのエントランスへ行く。そこで、ＣＷＰのスタッフがバンで迎えに来て、一緒に市場、教室へと行くことになっている。

エントランスに着くと、同じく料理教室の申し込みをしたと思われる西欧人たちがたくさんいる！　その数、我々を含めて12人。定員いっぱいだなんて、ＣＷＰ教室ったら大人気ではないの！　それでも日本人は我々だけで、他は白人ばかりで女性同士やカップル、ご夫婦での参加だ。大抵日本人による口コミが多い場所は、これまでの経験からすると、ほぼ日本人の参加で、だからタイ人のスタッフも少しは日本語を話したり、理解できる場合が多かった。

迎えのバンが来た。スタッフは2名で、全員の名前をチェックする。もちろん、英語かタイ語しか話さない。

そして、一同バンに乗り込み、まずは市場へと向かった。市場は朝6時から始まっているらしく、すでにたくさんの店先に商品が置かれている。

私は市場の活気あふれるパワーと、新鮮な野菜や果物を見ては、自炊用にいくつか食材を買ったりするのが好き。自炊ができないときでも、バナナやオレンジ、プラムなどの果物を運べるだけ買って、旅の移動中に食べ歩きしたり、朝ご飯に食べたりしていた。

現地ならではの食材は、ワクワクしてしまう。

市場の領域に入ると、独特な匂いが鼻につく。生臭いようにも感じるけれど、これも生命の匂い、嫌いじゃない。

ほら、なんてことないわ！　檻の中に大量に入れられたアヒルさんやニワトリさんの匂いよ。って、なんてこと〜（涙）、生きた鳥さんたちの先には、丸焼きにされた首ちょんぱのニワトリと内臓が、袋詰めでずらっと陳列して売られている。

惨《むご》いけれど、これぞ市場。私たち人間が生きるため、犠牲になっている多くの生命に感謝の気持ちが湧いてくるのは大切なことだと思う。

謹んで歩こう。

それにしてもずいぶんと新鮮な食材を扱う市場だと思う。魚なんて、水槽から飛び跳ねているし、見たこともないようなモグラみたいな形の魚もいて、好奇心や興味が湧いてくる。

ふと、網の中に拳の大きさほどの魚のような何かがたくさん入って置かれている。なん

タイ料理教室でまず訪れた市場は食材が豊富！

だろうか？　カニ……？　と覗いた瞬間に、網から出たがっている一匹が、中でピョーンと飛び跳ねた！

「ギャ――――！！！」

し、し、心臓が……！

「何、どうした！　うわわわ、か、蛙⁉」

クリナが私の肩を押さえるが、その手がかすかに震えている。

「いや、か、か、蛙はいいんだけど（強がり）、急に飛び跳ねるから驚いたわけよ」

と、気を取り直して進む。

動悸がやっとおさまったところで、今度は大きなバケツの中に、アーモンドのような木の実らしきものがたくさん入って置かれている。それも、さまざまな種類別に置かれている。

どんな実なのかな～？　と近づいてみると……、

「ギャ――――！！！」

もう、勘弁して……。

「なに、のぞ、次は何！　ギャ――――――！」

やっぱり乙女たちにはキツい。だって、その木の実風の奴らは〝虫〟だったのだ。食料として売られているのだから言いたくないけれど、Gブリのような姿の、ビッグサイズの虫が大量にバケツに入っていて、全身鳥肌、足がぷるぷるしてしまう！

それに何、よく見ればその店先のバケツやテーブルにも種類さまざまな虫が大量に売られている……。すでに天に召され、しっかりと味付けをされている様子だけれど、姿はそのままに、G系、幼虫系、バッタ系……見れば見るほど、鳥肌がたっていく。

「いや、虫はいいんだけど（どうしても強がり）、大量にいるとビビるね」

「のぞ、食べてみたら？」

「え？　冗談にもほどが？」

おお、この市場は過去訪れた中でも、最強レベル。これはトムヤムガイを作って食べるまでの通過儀礼か？　まるでゲテモノステージをクリアしないと、クッキングステージにあがれないゲームみたいな感じ？

よし、次はどんなゲテモノだ!?　もう、なんでも来い！

と思ったけれど、その先はとくに驚くようなものはなく、解体された牛や豚の肉だったり、朝獲れたてのぴっちぴちの魚やカニ、種類豊富な南国のフルーツやタイのハーブ、作りたてのお菓子という感じだった。

ときどき店の台の上で、マンゴーと並んで猫が寝ていたりすると、妙にホッとする。

市場を歩きながら、スタッフが料理に使う食材を説明してくれたのだけど、自分勝手な行動をしてしまい、写真を撮りまくっていたからあまり聞いていない。

その分、ドキドキハラハラの市場を堪能することができて、楽しかったけど！　ただ、靴がびちゃびちゃになった。市場に行くならビーサンを履いて、後で洗うのが賢明だったかな。

再びバンに乗って移動して、民家の密集するエリアの通りで降り、ごくごく普通の民家の中を歩いて入っていった。

狭い小径を歩く途中、民家から出てきたおっちゃんやおばちゃんと目が合って挨拶をしたり、猫が前方からトコトコ歩いてくるのとすれ違って写真を撮ったり、神様の祠にお供え物がしてあったから手を合わせてみたりと、ローカルの日常がたっぷりと垣間見られる。

その中を12人の異国の者たちが縦一列に並んで歩いていくのだから、いささか滑稽に思える。

狭い道の片側に料理教室の玄関があって、中に入ると緑の壁のワンルームが広がっていた。壁側にキッチンテーブルが作られていて、その上にガスコンロや調理器具、食材が6人分置かれていた。

中に入ると、早々にスタッフに「本日、プー先生はお休みです」と言われてずっこけそうになった。そして市場に一緒に行った二人が料理を教えますと説明された。

渡されたエプロンには「I cooked with POO and I liked it」（私はプーと料理して、とてもよかった！）と書いてある。

おーい。with を without に、and を but にしたヴァージョンも用意しといておくれよ〜。プー先生に会うのを楽しみにしてたのだけど、これも仕方ない。


料理はまずトムヤムガイから始まった。キッチンテーブルに料理器具が６人分しかないのは、部屋が狭いスペースのため、12人を前半と後半で分けてやるということらしい。

それは困る。料理に15分もかかれば、その間後半チーム（我々）はだいぶお腹を空かせて待たなきゃいけないじゃない。

と思ったけれど、調理時間は驚きの５分だ

西欧人たちと一緒にクッキング。ガイガーティアムを作っているところ

った。

材料は、チキン、マッシュルーム、レモングラス、ライムの葉、ナンキョウ（ショウガ科）、コリアンダー、トムヤムチリオイル（スーパーや市場で瓶詰めなどで売られている）、ライム、ナンプラー、塩、水。

作り方は、ソースパンに水を入れて、スライスしたマッシュルームとナンキョウ、レモングラス、ライムの葉、ナンプラーを入れて茹でる。

それからチキンを加えて、チキンに火が通ったら火を止める。そこに、チリオイルとライムを入れて、できあがり！

材料さえあれば、本当に5分でできちゃう料理！

「トムヤムガイは、辛いのが好きな人は、チリオイルをたくさん入れてください。たくさんのほうが色は綺麗ネ」とスタッフが言う。

「ちょっとでいいや」とクリナ。

「たくさん入れる」と私。

できあがりを見たら、同じトムヤムガイなのに二人の色がまったく違う！　私のは真っ赤で、クリナのは黄色っぽい。

スタッフの先生が私のほうを指さして「こっち、色綺麗ネ」と言うので、ちょっとだけ誇らしげな気分になったけど、一口食べると「わお、辛い！！！」と叫びそうになってしまった。けれど、そこは辛いもの好きの名誉にかけて、ぐっと堪えて言わないでおいた（どこまでも強がり）。

朝食を摂っていなかった空腹に、激辛スープがくる。

「ひーはー」

汗をかきながら完食する間、横にいたドイツ人の女性たちが「辛そうね～」と言って笑っていた。二人は、辛いのは苦手そうだった。

それから「ガイガーティアム」を作る。これまた5分料理。ガーリックを炒めて、チキンを入れ、ナンプラーとオイスターソースを絡めてできあがり。教室でいただけるライスと一緒に食べて、とってもお腹が満たされた。かなりガーリックが利いていて、ご飯がすすむ。

最後の「ラープ」も材料さえあれば簡単だけど、ライスパウダーを作るのが一手間。生の米をフライパンで炒めて、金色になったらすり鉢ですりつぶし、パウダー状にする。これが意外と力がいる。ミキサーで砕いてもよいそう。

それからフライパンに水とスライスしたナンキョウを入れて、ダックのひき肉を入れる。水分がなくなるまで炒めたら、スライスしたレッドオニオン、コリアンダー、ライムの葉、レモングラス、青ネギをフライパンに入れて炒め続ける。

最後にチリパウダー、コブミカンの葉、ナンプラー、ライスパウダー、ライム汁をかけて混ぜてできあがり！

ひき肉をダックではなくて、ポークや普通のチキンにする場合にはコブミカンの葉は入れなくていいみたいだから、日本でも作れそう！

これまたチリパウダーを入れすぎて、私のはずいぶん辛く仕上がったけれど、味的には大満足。ハーブ類もたくさん入っているから、ひき肉料理なのに美容によさそう。

タイ料理は、材料のハーブ類と調味料が揃えば、ささっと煮るか炒めるだけで超簡単な料理！　ということがわかった。

ちなみにタイハーブといって料理に使われる食材が、教室でも使用したレモングラス（タイ語でタクライ）やナンキョウ（カー）、香菜（パクチー）、コブミカンの葉（バイマックルート）、コブミカン（マックルート）、エシャロット（ファ・ホム・デェング）、ニンニク（カティアム）など。教室では使用しなかったけれど、ウコン（カミンチャン）やセロリ（クンチャーイ）、スウィートバジル（ホラパー）、ミント（サラネー）、ショウガ（キン）など、数え切れないほどある。

もちろん、美容、美肌、健康な体づくりに効果的な栄養が豊富に含まれているものばかり。

調味料は、日本の醤油的な存在ナンプラー、シーユー（醤油）、ナムマンホイ（オイスターソース）、ナムソム（酢）など、他にもたくさんありそうだ。

今回使わなかったけれど、タイ料理にはココナッツミルクを使った料理も多く、甘くて辛くて酸っぱいようなトムカーガイ（鶏肉入りココナッツミルクスープ）やココナッツミルク入りのカレーなんか大好物だ。

そうして滞在中、タイ料理の奥儀を少し覗いたせいか、何か家で作りたくなった。そこで、生野菜を使ったサラダが苦手だというクリナのために、私が心してタイ風サラダを作ることにした。

スーパーに行き、果物のポメロを買う。

ポメロは柑橘類で、グレープフルーツの巨大版といった大きさで、味はさっぱりとしているのでサラダに使われることが多い。タイ料理にでてくるポメロサラダは、〝ヤムソムオー〟といって大抵のレストランではメニューにある。

ただ、これまで何度となく食べたヤムソムオーだけど、レストランや食堂によって、味付けや混ぜているものが違う。スパイシーなのもあれば、酸っぱいのもある。混ぜている材料も、チキンの場合もあれば海老のときもあるし、キュウリやトマト、アーモンドなどが入っているかどうかも店によって違う。

ただ、どこもふんだんにポメロを使っているというのが特徴。

つまり、ポメロを使っただけで、なんとなくタイ料理風になるだろうと考えて、後は自分なりに作ってみることにした。

スーパーで袋入りのベビーリーフやサニーレタス、ロケットサラダと、ブルーチーズ、カマンベールチーズ、ナッツ類、それからドレッシングにバルサミコ入りのオリーブオイルとハチミツを買った。

オリーブオイルを使っただけで、すでに洋風になっているような？　って、自分突っ込みは無視。クリナに「美味しい！」と言わせるのだ。

家に帰り、キッチンで広げた材料を見て、

「サラダにハチミツとチーズ？」と、クリナが言った。

「ポメロとブルーチーズが合うと思う」と、返事になっているのかいないのかよくわからないようなことを答える。

「まあ、待っててよ」

まずブルーチーズとカマンベールチーズを小さくカット。イメージではもう少し固形のはずだけど、暑いバンコクでは、すぐに溶けてしまう。が、気にしない。

お皿にたっぷりとサラダを入れて、チーズを真ん中のほうにボンッと載せて（パラパラと載せるつもりが、溶けてくっついている）、そのうえにハチミツをかける。それから、砕いたナッツ類と、ぽろぽろにしたポメロを全体にたくさんふりかける。最後にバルサミコ入りのオリーブオイルをかけて、塩こしょうをちょっとふってできあがり！

さあ、どうだ！　〝ダイ風、ポメロとチーズの旅女サラダ〟‼

これが、大変、子供たちに不評だった。

「まずーい。チーズ変な味」（だって、ブルーチーズ入ってるもん）

「酸っぱーい」（だって、バルサミコ入ってるもん）

「なんか、噛めない」（それ、ナッツの皮）

あげく、次男はポメロだけを食べ始めるじゃねーか。

しかし、そこで、今日一番の声を聞いた。

「うまい！！！！」

3男児がクリナの顔を見て、きょとーんとする。

「のぞ、チーズがこんなに葉っぱに合うなんて！」

口の中でブルーチーズの臭さとハチミツの甘さが絡みながら、オリーブオイルとバルサミコにまみれた葉っぱが口の中をさっぱりとしてくれる。カリカリのナッツがアクセント。でもやっぱりポメロの優しい甘さが全体をタイモードに包んでくれるじゃない？

なんて、自画自賛もいいところだけど、なかなか美味しかった。意外な組み合わせで絶妙なハーモニーを作りだすことに成功した。

「今度私もやってみる。ポメロとチーズのサラダ！」

これで、私も、「料理できるんですか？」と聞かれたら、

「そんな得意じゃないんですけど、タイ料理なら作れますよ～」って言えるかな？　いや、言うぞ！

料理ができる女性って、やっぱり素敵だもの。

第3章 旅女が試した美アイテム、嘘なしトーク

美容大国タイにはさまざまな美容アイテムが売っている。それは日本では見かけないものばかり。あったとしてもバンコクで売ってる何倍も値段が高かったり、本当に効果が優れているのか不安で食指が動かずってものが多いと思う。

だけど、タイのコスメや美容ケアグッズのイチ押しは、なんといったって、オーガニック系（ナチュラル系やハーブ系とも）が主流で、人体に優しい素材で作られているものが多いこと。

日本ではオーガニック系コスメ類はもちろんのこと、コラーゲンやビタミンたっぷりなものも値が張る。ここは美を取り戻したいワタクシ、旅女が体を張ってタイの美容グッズをいろいろ試して、体験してみた。それが実際にどうだったかを素直にレポートしちゃうわ！

【フェイスケア】

01　フェイスマスク（FACY 4 Elements Gold Pearl）

美白とたるみに効くと言われているからやってみた。まず黄金のパッケージが高価に見えるし、とても効果がありそうに思える。しかも、中を開けると、普通はローションに浸かったマスクがすぐにでてくると思うけれど、これはさらに透明フィルムに包装されている。高級感が漂うじゃないの〜。

マスク自体はパールがキラキラ輝き、ゴールド色をしている。こんな色つきのマスクは見たことがない。商品名にもある 4 Ele-

FACY 4 Elements Gold Pearl

ments（要素）ってのは、ゴールド・パール・シルク・コラーゲン、これらの要素を兼ね備えたアメージングなマスクなのね！

顔につけると、マットな感じで顔への密着度が高い。ローションの量が通常よりもたっぷりなのか保湿力がある。安いマスクは15分もつければすぐに乾燥してしまうけれど、これは20分経ってもまだしっとりしている。

乾燥は肌の敵！　日差しの強い日、とくに海やプールで遊んだ日にはマストなマスクだと思う！　美白はその日にしたほうがいいっていうしね。ちなみに、たるみについての効果はイマイチわからなかった……。もはや、リフトアップはマスクじゃ追いつかないのかもしれない？

まあ、旅先でフェイスマスクをするなんて贅沢だし、マスクをしてドミトリー（相部屋）にいたら、何人かに「心臓止まるかと思った！」とびっくりされたけれど。1週間に2度くらいのペースでやれたら、かなりお肌にはいいんじゃないかしら。

あえて難点をあげると、きらきらパールが手や腕、洋服についてしまうし、翌朝まで顔がキラキラしてしまうので、気になる人は取り扱い要注意であります。

02　フェイスマスク（KURON CRYSTAL MASK シリーズ）

1枚600円ほどする、タイの物価からすれば高すぎるマスクなのだけど、効果は脅威的！　クリナとともに使ったときは、絶賛賞賛の嵐だった。お互い「見た目が違う！」とスッピンを褒め合う。

マスクのパッケージは外観からしてかなり高価で、紙が二つ折りの本のようになっていて、開くと内側に透明フィルムが見開きでくっついている。左側には口から上、右側には口から下の部分と分かれて入っている。透明なフィルムからは、中のシートが見える。シートは、透明なゼラチンのような感じで、紙マスクではない。フィルムの中で揺れる液体。たっぷりの美容液が入っていることがよく見えて、美味しそうなステーキを眺めて、じゅるっとしてしまう感覚になる。

贅沢〜！

KURON COLLAGEN CRYSTAL MASK

さっそく中を取り出そうとすると、透明パックにジェリーマスク（と呼ぶ）が入っていて、あふれでる液体がこぼれるので、それを首や腕につける。だってもったいないもの！ジェリーマスクがぷるぷるすぎるため、すべって顔につけるのが大変！　まちがって床にでも落としたら最後。慎重に貼り付ける。これまでにないフィット感と、水分量の多さを肌で感じられる。

着用時間は10～15分くらいでよさそうなことがタイ語で書かれているのだけど、たっぷり20分つけてみた。途中マスクが重みで下がってくるので、クリナと二人でソファに仰向けになって待つ。そうして、結果、仕上がりの素晴らしさを讃え合った。キメが変わる。本当に、ファンデーションを塗ってる？　と聞きたくなるような感じ。触ると、もちもち。

これは、本当にオススメ！

ちなみに KURON シリーズで発見したのは4種類。それぞれの効用によってジェルマスクの色が違う。にきび肌用の黒色マスク ACTIVATED CARBON CRYSTAL MASK、ホワイトニング用の白色マスク WHITE CRYSTAL MASK、アンチエイジング用の薄い赤色マスク RED WINE CRYSTAL MASK、保湿用の透明マスク COLLAGEN CRYSTAL MASK。

二人で絶賛したのは、コラーゲンマスク。かなり保湿されました。ネットで調べても、日本上陸していないのか、タイ語でしかでてこないから、タイで購入するべし。ドラッグストアのワトソンズやブーツに売っています。

ただし、クリナがアンチエイジング用の赤ワイン入りのマスクを使った後、なぜか顔が赤くなってしまった。もちろんすぐに引いたのだけど、まさか赤ワインの色が染み込んだわけではないし、顔全体が炎症を起こしたわけではないから、たぶんだけど、アルコール反応だと思う。顔からワインを飲んじゃったのね。アルコールに弱い人は、ちょっと気をつけてみて〜。

03 フェイスパック (mud spa MUD MUK)

夜、化粧を落として洗っても、その後コットンで化粧水をつけたりすると、コットンに落ち切らなかった汚れがついていることがある。おそらく、毛穴の中に入り込んだ化粧が取り切れてなかったり、日中の大気に含まれる汚れが入り込んだままになっていたり、簡単なクレンジングでは落ちないからだろう。

それで、セントラル・ワールドのフードホールに置いてあるMUD MUKの、汚れをスッキリ落としてくれるフェイスパックを買ってみた。タイ産のホワイトクレイが入っているそうで、いわゆる泥パックというやつ。チャック付きの袋で、2回分入っているらしいけど、これまた600円ほどするのでかなり高い。でも、サロンに行くことを思えば安いよね？

それも効果次第だけど。

お風呂に入る前に洗顔して、それから半分ほど指に取ってホワイトクレイを袋に入っている半分ほど指に取って顔にのばす。目と口以外、首筋まで塗って、15分放置。すると、ホワイトクレイが乾燥して固まってくる。きっと、汚れを吸収してカチッと固まってくれたはず！

お風呂のお湯で丁寧に洗い流すと、なんか、顔が白くなっている！　あ、ホワイトクレイが残っているだけか？　肝心の毛穴の汚れは目立たなくなり、なんとなくだけど毛穴が引き締まった気がする。

それに、肌の触り心地もすべすべになっている。泥パックが苦手な人でも、わりとすぐに、しっかり固まってくれるからお手軽でいいかもしれない。

mud spa MUD MUK

04 洗顔（Himalaya Purifying Neem Face Wash）

このHimalaya（ヒマラヤ）というメーカーを初めて発見したのはインド。オーガニックハーバルコスメで、シャンプーやボディクリーム、フェイスクリーム、リップクリームなどさまざまな種類がでていて、超乾燥するインドの冬にはマストなメーカーだった。

とくに私がはまったのは、Himalayaの洗顔なのだけど、それが驚くほど肌がしっとりする。何か魔法のエッセンスでも入っているのでは!?　というほどに。

インドから帰るときには、洗顔の超ミニタイプが売られていて、お土産にとバックパックに大量に詰め込んだ。その成果あり、女子たちから、「これはいい！」と１００％の好評だった。

日本ではこのHimalayaが売られていないので、「ああ、またインドに行かないとダメか

Himalaya Purifying Neem Face Wash

〜」と思っていたら、さすがはタイ。バンコクのワトソンズに売っていた。それもインドより若干高いけれど、2倍も3倍も高いわけではない。

会いたい恋人に会えたように飛びつき、即行で買ってその日から使い始める。やっぱりピーリングクリームのようにすべすべな肌になるし、洗顔後のしっとり感がはんぱない。個人的には、泡ででてくるポンプタイプの洗顔（中身は同じ）があればさらによしだけど。

05　目の下のシワ、クマクリーム（Himalaya Under Eye Cream）

同じく Himalaya のアイクリーム。何に効くかって、目の下のクマと、シワらしい。私は遺伝なのか、シワはあまり顔にできず、32歳にして目の横に笑いジワとかもできない（無理矢理すればできるけどね）。

その代わり、目の下のクマがものすごい。昔から、寝不足の日にはうっすらと

Himalaya Under Eye Cream

クマはできていたと思うけれど、ハッと気づけば28歳くらいから、クマ女として悩んできた。だって、寝ても、寝ても、クマが取れないんだもの。

私の頭の中では、Himalaya はとても優秀な（効果のある）コスメというイメージができあがっているから、さっそく購入した。これも、バンコクのワトソンズにあったもの。

説明書によると、「4週間で効果がでます」とのこと。やってみた。

んで、4週間経って？　そうね、気のせいかもしれないけれど、クマが少〜し薄くなった気がするの。本当に！　個人差はあると思うから、効くかもしれないわずかな望みをかけて挑戦してもアリだとは思う。それに効果はわからずとも、シワにも効果があるおかげか、かなりしっとり潤った。目の下に潤いがある女性は素敵！

06　ピーリング（KHAOKHO TALAYPU TAMARIND & CARROT CLEANSING CREAM）

オーガニックコスメゆえ、肌に優しいブランド。

カレーやお菓子などに使われるタマリンドが使われていて、新陳代謝を活性化させるらしいが、かなり独特の香りがする。最初は抵抗があるものの、慣れるとけっこう癖になる匂い。ちなみに、タマリンドの匂いでキャロットの存在感（匂い）はほとんどゼロ。

それよりも、一度使ったら手放せなくなるほど、超すべすべになる。パンチを利かせた匂いをかぎながら、両手でほほやおでこ、鼻や顎をくるくるマッサージ。その間の手触りだけでもなんとなくすべすべしてくるのだけど、ぬるま湯でクリームを流した後に驚愕した。

ただ、肌ににきびや乾燥による吹き出物がある場合、意外とピリピリしみて痛かったのは気になるところ。ピーリング効果が強すぎるのかもしれない。一度肌のどこかで試してからトライするほうが無難かも。「私、肌めっちゃ強いです!」って人にはかなりオススメ!

07 スクラブ（Silk CoCoon Facial Scrub）

初めて見たとき、どうやって使ったらいいのか、まったく謎だった。「これ、砂糖菓子ではあるまいよね?」と思ったほど。匂いも少し甘ったるくて、異国のスイーツと言われて出されたら口に放り込んでしまいそう。

黄色いうずらの卵のような形のそれは、天然の繭玉らしい。繭には、セリシンと

KHAOKHO TALAYPU TAMARIND & CARROT CLEANSING CREAM

いうプロテイン（タンパク質）があって、それには皮膚病の原因となる微生物を殺菌する物質や抗酸化作用のあるアミノ酸が18種類ほど含まれているらしい。しかも、皮膚細胞に含まれる毒素まで排出してくれる作用もあって、小さいのにありがたい逸品というわけだ。

使い方は簡単！　でも知らないと、まったく使い方がわからなかった。パッケージもタイ語オンリー。まあ、それが唯一この商品の難点ではあるかもしれない。

まず、繭玉をお湯（60℃ほどがいいらしい）の中に2、3分入れておく。その間に顔を手持ちのクレンジングなどで丁寧に洗っておく。それから顔を簡単に拭く。黄色い繭は、中が空洞なので、指にすっぽりと入る。イメージ的にはスナック菓子とんがりコーンを指

Silk CoCoon Facial Scrub

にはめる要領と同じ（わかる？）。それで、顔を優しくなでていく。

とくに、鼻の回りやおでこ、顎のラインなど、毛穴の汚れがたまりやすいところや、皮膚が固そうなところは、丁寧にくるくると繭をうごかしながらマッサージ。水気がなくなったら、またぬるま湯にひたして、くるくる……。

クリームつきの繭玉なので、最後に顔を洗っておしまい。

これ、初回が一番感動した。あきらかに毛穴の汚れが落ちたのと、顔の色が明るくなったから。しかも、つるつるな肌触り！　あっ、にきび対策にも、これは効果があるらしい。繭玉マッサージで血行がよくなったのだろうけど、汚れもくすみも取れる優れものだと思う。

しかし、何回か使ってやらかしてしまった。私が悪いのだけど、調子にのってくるくるこすりすぎて、角質が取れすぎたのか肌が痛くなった。使うときは、使用頻度と加減をぜひ気にしてください。

08　アンチエイジング（GINGKO GOLD CAVIAR FACIAL GEL）

洗顔後、透明なジェルを顔に塗り、優しくマッサージして少し置いて流すだけで、超びっくり！　肌がつるつる&しっとりとなる。なんでだろう？　何か怪しいものでも入ってるのでは？　と疑いたくなったほど。

透明なジェルの正体は、どうもベストセレクトされた天然のハーブをブレンドしたものらしく、アンチエイジングにテキメンとのこと。

裏面の説明にも、「Younger looking skin」にすると書いてございます。つまり、肌を若返らせてくれる魔法のジェル。ピーリングはスクラブ系が多い中でも、これはすごーく肌に優しいから、うまく他のものと使いわけしたらいい気がする。

ちなみに、チューブからですぎたジェルを手の甲に塗ってみたら、これまた超すべすべのしっとり肌になった。手の甲は年齢がでるので、これ、私にはもってこいなのです。

実際、乾燥しまくった手の甲や腕の肌には、顔よりもわかりやすい変化が見られた。ジェルをしたところだけ、肌質が違う！　キメの細かい肌に近づいていく！

というわけで、今の私は顔にこれを塗るときは、必ず両手の甲、腕下にもつけて、すべすべになった肌を触っては喜びにひたっている。

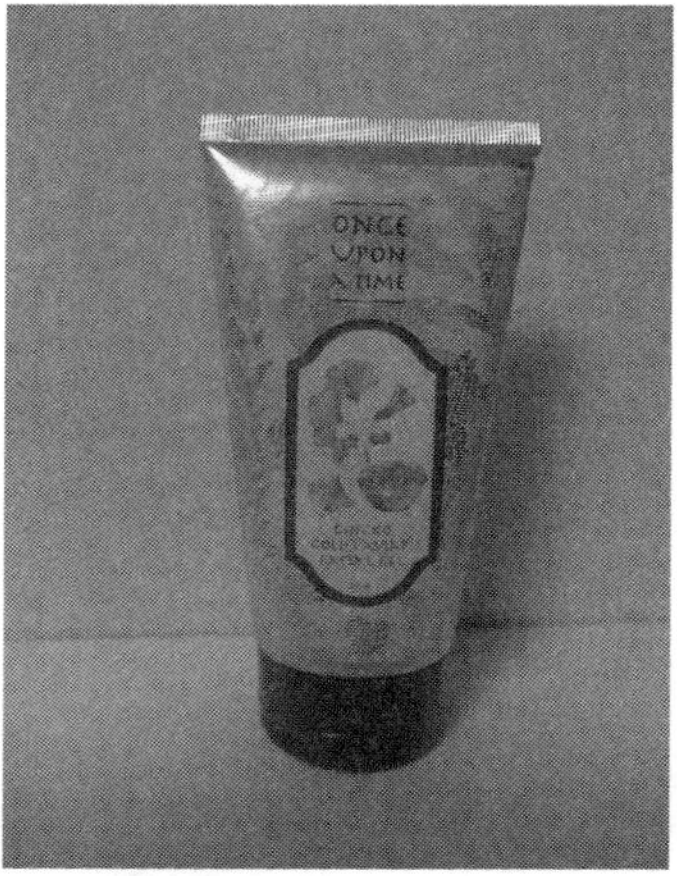

GINGKO GOLD CAVIAR FACIAL GEL

09　リップクリーム（THANN RICE EXTRACT LIP BALM）

これが最強によい。私の大好きなインドのHimalaya に並んだ！

実は私（といちいち言う必要ないけれど）、かなり唇が乾燥しやすく、毎年冬になったり、乾燥した国を旅するときは唇の皮が剝けて非常に苦労する。

剝けた唇だと口紅もつけられないし、少しよくなったかと思った矢先にまたすぐめくれたりする。だから、かつてトライしてきたリップクリームは数知れず。そんな中、インドの Himalaya のリップクリームがやっぱりよくて、超乾燥するインドでも唇は回復の兆しを見せ、日本でも毎日使っていた。

THANN RICE EXTRACT LIP BALM

そのHimalayaと並んだのが、このタイのTHANN（ターン）というブランドのリップバーム。超しっとりするのに、べたつかず、それでいてしっとりが長持ちするし、皮がめくれてしまった後でも、これをつけるとあっという間に回復してくれる。今のところ手放せないアイテムだけど、もうちょっと安くならないかな〜。

御丁寧にバームを入れる袋があるのだけど、それはいらないから、お願い、安くして！

【ボディケア】

10　ボディオイル（HARNN ORIENTAL ROSE BODY OIL SPRAY）

クリームでは潤わない致命的な肌への救世主。

HARNN（ハーン）はTHANNのお姉様ブランドで、言ってしまえばタイの高級コスメ。香りがとにかくいい。取扱店に入ると、香りのよさにしばらく時を忘れてしまうほど。

さて、私の乾燥肌は致命的だ。湿度の低い場所に1日いるだけで、恥ずかしいほど足の肌にはヒビが入る。砂漠みたいならばまだ見た目は美しいけれど、私のは乾燥亀裂した大地という感じ。見た目が最悪。

それで、私の毎日にはボディクリームが欠かせないし、これまでさまざまな街でボディクリームを試してきた。しかし、真冬になれば、ボディローションでもボディクリームでももはや間に合わず、ついに私はボディオイルを使うようになった。

これも、いろいろ探した結果、ローズの華やかで優しい匂いのするHARNNのオイルがかなりよい。個人的には、お風呂あがりに体をしっかりタオルで拭かず、少し水が肌に残っている状態でオイルを塗るのがベスト。これは、同じく乾燥肌の友人が教えてくれた方法。油分が水分と混ざってちょうどよい感じになる。

ただ難点は、手にオイルがつくと、ボトルを持つ手がすべって、スプレーのボタンを押しながら体にふりまくのが難しいこと。

HARNN ORIENTAL ROSE BODY OIL SPRAY

11　乾燥肌用ボディ石鹸（オススメ多数）

タイにはかなり多くの石鹸が存在する。しかも、美容のために作られたものも多く、基本的にオーガニックで肌にいいとされている。そんな中で、バンコク在住の日本人女性やタイ女性に人気のあるものを試してみた。継続中のものもあるけれど、ここでは半分以上使ったものをレポ。

まず、タイ公立アパイプーベ病院ハーブ研究所のマンゴスチン石鹸とノニ石鹸。どちらも見た目は茶色く、まったく南国っぽくないけれど、使用感は南国にぴったりのさっぱりした洗い心地。石鹸で体を洗うと、洗った後につっぱったりするけれど、これはまったくない。むしろ、しっとりするのが素晴らしい！

匂いは、マンゴスチンはフルーティな匂い。ノニはフルーティではなくて、独特な甘い匂いがするけど、私は好き。マンゴスチンは肌荒れに、ノニは美白にいいらしい。現在私はノニ石鹸をせっせと使用中。真っ黒だった足が白くなってきたのはノニのおかげかな？

値段的に1個100円以下というのも最高！

マダム・ヘン（MADAME HENG）のメリー・ベル（Merry Bell）ハーバル石鹸は、一切ケミカル素材を使わない体に優しい石鹸。老舗のブランドらしく、長年にわたってタイ国民、タイ在住者に愛されてきた。ドラッグストアやデパートなどにも置かれているし、タイ人が買い物かごに入れているのを何度か目撃した。

最大の特徴は体臭を抑えること、にきびや吹き出物を抑えること、髪にも使えること、つまり全身に使えること！　実際の使用感は、かなりスースーするから、夏にもってこい。私はこれ1個をあっという間に使い切ってしまった。ビッグサイズなのに１００円くらいなのは嬉しい。

ちなみに、マダム・ヘンにはナチュラルソープシリーズもあって、少し高級なのか80円ほど高いけれど、ミントやローズの香りがある。ミントを使ってみたけれど、基本的にハーバルのさっぱりした感じと使用感は変わらず。でも、匂いがけっこう強く、好きならグッド！

私的には、日本のどこかの入浴剤「森の香り」だなーと思いました。

MAITHONG の CRYSTAL SOAP シリーズ、OLIVE/NONI と MANGOSTEEN。ノニは緑のパッケージで「しとやかな肌にして、顔の色つや、肌の色を美しく」、マンゴスチンは紫のパッケージで「年齢によるシワとくすみの原因となる活性化酵素を防ぐ」と書いて

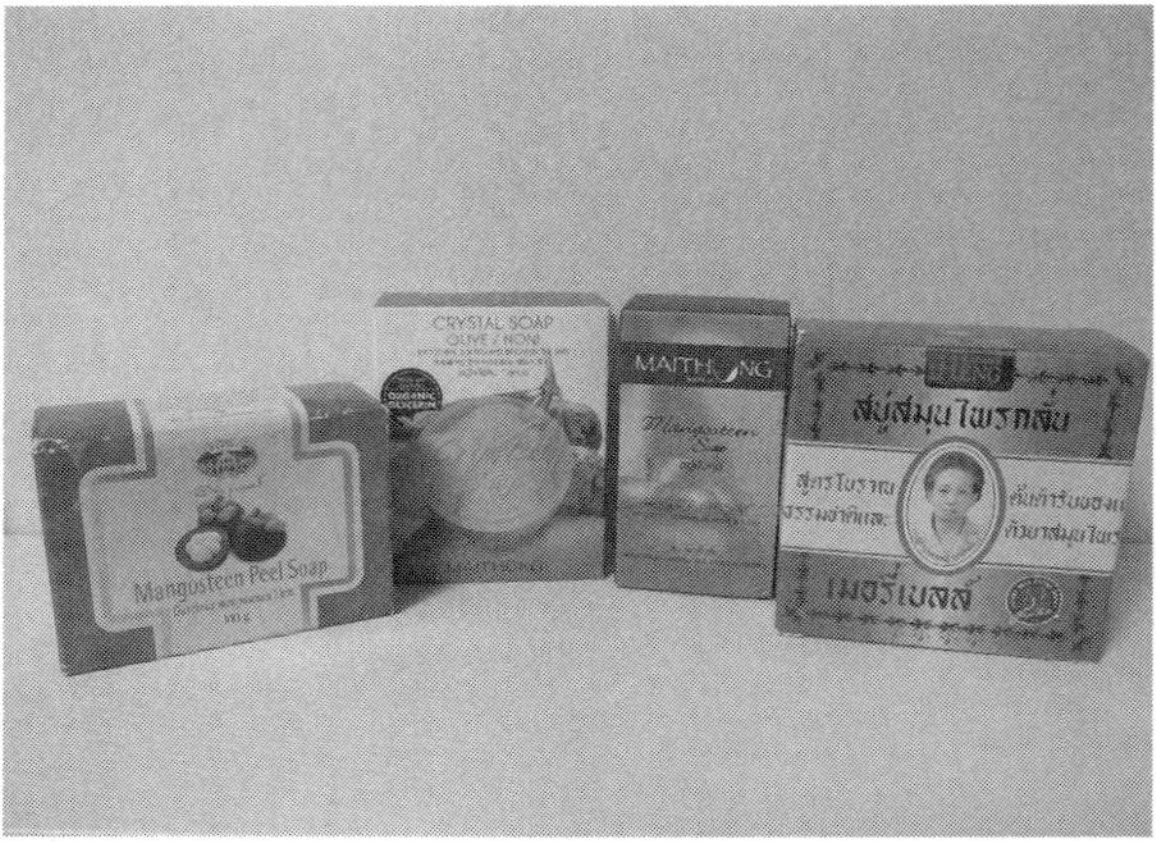

（左から）アパイプーベ病院のマンゴスチン石鹸、MAITHONGのCRYSTAL SOAP、MAITHONGのマンゴスチン石鹸、マダム・ヘンのメリー・ベル

MAITHONGの石鹸入りミット

あった。

私はまず美白をしたいので、ノニを使ってみた。

タイの庶民的な石鹸の中ではとても上品で、泡立てネットまでついていて、石鹸を擦ると繊細な泡がふわふわとたった。その泡を顔に載せて30秒ほど置いて流すと、あら不思議！　顔が白くなった気がしてくる!?　顔と体に使っていたら、あっという間に使い終わってしまった。体までネットのふわふわ泡で洗うってのが、贅沢な気分。

MAITHONG のマンゴスチン石鹸はお土産にオススメだと思う。というのは、パッケージを開けると石鹸が綺麗に包装紙に包まれていて、オシャレ。色もアパイプーベ病院のマンゴスチン石鹸とは違い、ピンク色で可愛く、匂いも上品。中にマンゴスチンらしきつぶつぶも入っていて、使ってるとリッチな気分になった。

使用感は固形なのだけど、やや柔らかくて泡立てるとクリーミィ。やっぱりにきびや肌の炎症に効果があるらしいから、私は日焼けした日や背中に吹き出物ができたときに使った。

MAITHONG の石鹸入りミットは、中にマンゴスチン、ジャスミンライス、ターメリックの石鹸が入っている。これ、美白のための究極コラボらしい。

1週間使い切りで、値段的には固形石鹸1個分と同じくらいだけど、使い終わる頃には、肌質までちょっと変わる。もちろん、毎使用後は、肌がすべすべになる。これで、ありがたいことに、体のシミにも効くらしいんだから、本当に秀逸な石鹸。

2個目を使い切る頃にはなんとなく白くなった気がしたぞ。バンコクにいる間から使い、自分用のお土産にさらに5個、友人用にもいくつか買った。全部使い切る頃には美白も完了かな？


タイの石鹸は、とにかくどれも安いので、自分の肌や用途に合う石鹸を片っ端から試すのもアリ！　あらためて、体は石鹸で洗うのがマイブームとなっております。

「石鹸最高！」って叫びたいのが、最近のワタクシ。

ちなみに、旅先では、小さなプラスチックの容器に、いろいろな石鹸をカッターでカットして、それぞれサランラップに包み、順番に使っていくというのもマイブーム。長期の旅人さん、ぜひやってみて〜！　シャワータイムが楽しくなります。

12 角質ピーリング（KHAOKHO TALAYPU Sesami Oil Scrub）

蓋を開けてびっくり。中が真っ黒なスクラブオイル。セサミがそのまま使用されているらしい。

かなりオーガニックであるし、セサミオイルがたっぷりのスクラブだから、肌をマッサージしながら乾燥を改善するとともに、角質も取ってくれる優れもの！

一度使っただけで、日焼けした後のごわごわした肌の角質が取れた。しかも使用後はかなりしっとりしていたのはオイルのおかげ？

ただし、お風呂場で使うのが難しい。スプーンを持ってやるか、そうでなければ手でスクラブをつかんでマッサージするか。で、面

KHAOKHO TALAYPU Sesami Oil Scrub

倒くさがりな私は、手でつかんで使っていたら、ある日真っ黒だったはずのセサミが変色して、緑色みたいになっていた。つまり、腐ったってこと?

まあ、たぶん、そう。だとしたら、取り扱いには十分ご注意を! けれど、言い換えればそれだけオーガニックってことだから、本当に肌には優しいのだと思う。私は、効果が絶大だったので、取り扱いに注意することにして(スプーンを使う)、もう1個買ってしまった。

KARMAKAMET AROMATIC MOISTURIZING BODY LOTION

13 ボディローション(KARMAKAMET AROMATIC MOISTURIZING BODY LOTION)

香りのよい、肌もちもちの輝く「美・旅女」になるべくカルマカメットのボディローションを買ってみた。タイを代表する高級アロマブランドで、香りの種類が多いのが魅力的。ラベンダー、ミモザ、藤、桃の花などのフラワー系、レモングラスやペパーミントなどのハーブ系、サンダルウッドやバニラなんて珍しいものや、タバコなんてびっくりするような香りまで置いてある。

私は一つひとつ匂いをかいで、モロカンローズの香りにした。優しいローズの香り。お店のお姉さんが、「好きな香りをいくつか買って、自分で混ぜ合わせるのもオススメです。自分の好きな香りを作ってみては」と言う。それもまた素敵だと思った。

ところで、ボディローションとボディクリームは性質が違って、ローションはエタノールや水が基調になっているからさっぱりしている。より保湿を！　という超乾燥肌にはローションだと物足りないかも。

かく言う私も超乾燥肌だから、真冬の日本じゃアウト。されど夏の日本、常夏バンコクでは大活躍！　タイで買うと、高級クリームがお手頃価格になるのも嬉しい。

14　ボディモイスチャー（ORIENTAL PRINCESS Age Recharge）

オリエンタルプリンセスは、コスメグッズでも大変お世話になっている、手頃に美を取り戻すことができる（と信じている）魔法のタイプブランドコスメショップ。南国フルーツやお花を使っているのが特徴で、プリンセスという名の通り、女子度が高まりそうな匂いやパッケージデザインにときめく。

しかもボディローションよりも幾分しっとりのボディモイスチャーは、キラキラパウダー入りで、つけると肌が華やかに輝くあたりが、女子度アップな気がしている。

香りは、やっぱりカルマカメットやハーンのような香り系ブランドのほうが華やかでしっかりとしているけれど、十分に甘い匂いをさせているし、キラキラした腕や足を見せたいなら、これはオススメ。

ORIENTAL PRINCESS Age Recharge

15　アンチメラニン（ブーツのフルーツ酸ジェル）

私、何度も言いますが、太陽が大好き、海も大好き、日焼けも大好き。海に行った日こそ、日焼け止めはするけれど、2日目になれば顔だけでいいや……となってしまう（今後は気をつけるようにするけれど！）。

まあ、そんなわけで、何度も焼けては剝けてきた体の肌には、当たり前だけど、気づけばシミができてしまった。

とくに腕にできたソバカス（と言う？）がすごくて、「西欧人のおばちゃんみたい！」と旅人に言われたときには、ついにきたかと息を呑んだ。

そういうわけで、今回バンコクのドラッグストア、ブーツで見つけた顔用のフルーツ酸入りのジェルを買って、思い切って腕にできたシミに使い始めた。

するとびっくり！　やっぱりフルーツ酸ってすごいかも。腕の代謝がよくなったのか、垢のようにポロポロと皮が取れてきた。

透明のジェルだからのばしやすく、塗りやすいのもいい。でも、顔用だからかなり贅沢な使い方をしていると思われるが、これもバンコクのプチプラな美容グッズだと思うからこそできること。贅沢をお許しください、美の女神さま〜。

ブーツのフルーツ酸ジェル

で、1本終わる頃、なんだかシミが気にならなくなったような？　まあ、本当にシミを取りたいならば、レーザーしかないけれど、腕や足のレーザーってあまり聞いたことがない。でもレベル5がレベル3くらいにはなったと思う（わかりにくい？）。

ちなみに、石鹸メーカーのマダム・ヘンにも「Clear Spots Solution」というミニボトルがあって、これもブラックスポット対策、つまりシミ、ソバカスを取るエッセンスだそう。ナチュラル素材でできているので、効果がでなくても体に刺激が少なそうな安心感がよい。

16　全身万能オイル（Koconae, CHAOKOH など）

なんにでも使えるココナッツオイル。すごいのが、飲めること。タイの美容界では「痩せるオイル」と呼ばれているらしい。

ヴァージン・ココナッツオイルには、中鎖脂肪酸が多く、体に蓄積されずにすぐにエネルギーになってくれるので太る心配がないうえ、むしろ代謝を高めてくれたり、便秘解消にいいらしい。

モデルのミランダ・カーも毎日飲んでいるとか！　本で読んだ。

ただ、私はオイル系を直接飲むのは苦手なので、スプーン1杯も飲んではいない。ただ、舐めてみたところ、ココナッツの香りに包まれ、味はほとんどしない。

これなら大丈夫かも！　と思い、料理のときにココナッツオイルでチキンを焼いてみた。それが驚くほどココナッツの甘い香りが充満し、カリカリに焼きあがった。塩こしょうをかけて食べるだけなのにうまさも倍増。これで太らないの？　と思うと逆に食べすぎてしまう。なんて罪なオイルなの？　けどオススメ〜！

まあ、普段は、乾燥した顔、体、髪の毛など全身に塗りたくっている。しかも、サラサラしているから、べたつかない。

ありがたいのは、アレルギーで湿疹ができやすい腕に塗ったら、かゆみが止まり、荒れている肌が治りつつあること。いつも病院でもらうステロイドクリームを持ち歩いていたから、本当に嬉しい。今や、万能薬ココナッツオイル様は旅にも持ち歩いている。

だいたい薬局でもスーパーでもお土産物屋でも売っているので、手に入りやすいし、日本で買うよりずっと安い。

Koconae

ただし、常夏バンコクから真冬の日本や海外に移動したとたん、透明だったはずのオイルが真っ白になって固形化していた。溶かすのに、ボトルごといちいちお湯につけなきゃいけなかったのは面倒かも。まあ、添加物が入っていない証拠！

あと、少量で十分髪はしっとりするので、寝る前につけすぎると髪を洗ってない人みたいになって、朝シャンが必要となり面倒。つける量は加減すべし！

17 脇の下ケア (Erb Up in Arm UNDERARM DETOX MASK)

脇の下の汚れ、くすみがあっては、南国で「ヘイ、タクシー」と片腕もあげられない。たしかに脇の下というのは、ほとんど閉じられた空間だから、たまにはきちんとケアしてあげないと、臭いも気になってくるし、くすみも気になる。

でも、脇の下のケアなんて、すっかり怠ってしまっていた。石鹸でゴシゴシ洗えばいいんじゃないかと思っていたし。

しかし、アーブの脇専用のデトックスマスクがオススメだと聞いて試してみた。顔用のパックならばしたことはあるけれど、脇の下をパックするなんて初めて。

クリームはかなりマットな質感なので、脇の下に塗ってマッサージしているそばから、すぐに乾燥が始まりマスクのようになる。

それから10分ほど放置して、ぬるま湯で洗う。その10分間がかなり爽快。脇の下がスースーして、爽やかな匂いにリフレッシュできる。ちょっと脇を卵1個挟んだ程度は開けていなきゃいけないから、やるときのシチュエーションだけ選ぶけれど。

洗い流した後は、まず匂いがしばらく爽やかなまま、スースーして気持ちがいい。脇を思い切りあげたって、ふわ～っといい匂いを発することができる。くすみは正直一度ではなんとも。しかし、触り心地はすべすべになる。ということは、不要な角質なんかは取れたはずだから、おそらく使い続ければくすみは取れると思う。

Erb Up in Arm UNDERARM DETOX MASK

18　日焼け対策（P O CARE SUN ALOE Moisturizing Sun Block Lotion SPF75 PA+++）

さすが常夏の国、SPF75というのが売られている!!　もちろん使ってみたけれど、効果的にはまあまあ？　いや、正直日焼け止めに関しては、日本のメーカーが一番だと実感。何が違うって、塗り心地が違う。P O CARE ものびるけれど、ややマット。それに、かなり白くなってしまう。塗った足や腕が真っ白で、肌の黒い私には色が浮きすぎて少し恥ずかしい。

けれど、なんたってSPF75。日本から持ってきた日焼け止めがなくなったり、長期の旅で現地のものを使うしかないという人には救世主。

P O CARE SUN ALOE Moisturizing Sun Block Lotion SPF75 PA+++

19 日焼け後のクールダウン (SNAKE BRAND PRICKLY HEAT)

商品のアイコンがなぜか頭を弓で射貫かれている蛇の絵で、「なんだろう、健康にいいのかな……」と疑問を抱いてしまうけれど、バラの花の絵と蛇の組み合わせが案外似合っていて、紅茶の缶みたいに可愛い。お風呂場に置いたらオシャレかも?

というか、蛇のエキスが入っているとか、そういうことではないらしい。中は白いパウダーでタイガーバームのような健康そうな匂いがする。何より、お化粧のフェイスパウダーのように、粒子が細かいせいか、腕や足にふりかけると、さらさらの肌触りになる。しかも、体につけるとひんやり。真夏のバンコクでシャワー後につけたらスースーして気持ちよかった！

ひとつ発見したのは、体が濡れている状態でつけたほうがひんやり度アップ！　なので、タオルでしっかり水気を拭き取ってしまうと、案外ひんやりしない。逆に、汗をかいた肌につけたら、ひんやりして気持ちいいかも。

聞くところによると、バンコクでは一家にこれ一本！　という感じで使われていたり、フットマッサージ屋さんで、最後に足につけてもらったりするらしい。いわばタイのベビーパウダーみたい。

SNAKE BRAND PRICKLY HEAT

20　美乳ケア（YANHEE Beauty Breast Cream）

32歳になって、今更だけどバストアッ

プクリームを買ってみた。だって、クーパー靭帯を切りまくってしまったから、せめてものフォローをしたい。

それで、バンコクで有名なバストアップクリームは、ヤンヒー病院が作っているクリームだというから、使用してみている。パッケージの女性のような胸を手に入れられるかは謎だけども、信じることが大事！

特徴は、女性ホルモンのエストロゲンとイソフラボンに似た成分ガオクルアを使った100％天然成分だということ。保湿効果と豊胸効果があるらしい。どちらも私には大事！

クリームはマットな感じ。甘い匂いがちょっとキツい。このクリームの常連さんに近づいたら「あなたも使い始めたのね」ってバレちゃいそうよ。

それでもクリームを胸全体に塗り、バストに語りかけながらマッサージする。

「もうクーパー靭帯を切ったりしないから、ご機嫌なおしておくれ～」

YANHEE Beauty Breast Cream

それで、効果は？　まだわからない。というか、最近太ったので、少し豊胸に？（クリームは関係ないのか？）。ただ、保湿力ははんぱない。それゆえか、たしかにハリ、弾力のある肌になれた気もする……。

【ヘアケア】

21　オイルトリートメント（ORIENTAL PRINCESS　Cuticle Hair Treatment Repairing Formula）

今や手放せないNo.1ヘアケアグッズはこのオイルトリートメント。私のぱさぱさだった髪の毛を甦らせてくれた救世主なのだ。

匂いがまずいい。優しく甘い匂いで、上品。オイルもまったくべたつかない！

ORIENTAL PRINCESS Cuticle Hair Treatment Repairing Formula

私は毎夜、お風呂で洗髪した後は、濡れた状態のままオイルをつけて、ドライヤーで半乾きにしてから寝ている。朝、とにかくまとまりがよく、傷んでいたキューティクルが甦っていくのを日に日に実感できる！　お店には詰め替え用も売っているから、買っておく。

ちなみに、同じくオリエンタルプリンセスのオイルトリートメント「Phytotherapy ADVANCED HOT OIL TREATMENT」も使ってみた。仰々しい箱にたった4本のチューブが入っていて、一本の威力はすごそうに思うのだけど……。

シャンプーの後に数回チューブを振ってから、蓋をあけてオイルを手にだす。すると、オイルが発熱！　これは相当効果あるのでは!?　と、期待したよりは、正直軽い仕上がり。もっとしっとりするのかと思っていたけど、つけた感じもさっぱりしていて、仕上がり感が物足りず。

オイル系が苦手な人にはよいと思うけど、とにかくしっとりしたい人にはトリートメント・リペアリングオイルをオススメします！

22　ヘアシャンプー&コンディショナー&ケアパック（ORIENTAL PRINCESS Cuticle Hair Treatment Repairing Formula シリーズ）

ヘアトリートメントと同じ種類の、ダメージヘア用の洗髪3点セット。一言で、これをつけたら髪の調子がよくなった！　香りも持続するので、いい気分で眠れるし、朝シャンだったら、そのままお出かけするときは香水代わりになりそうなほど。

ちなみに、お店の一押し&売れ筋はバナナシャンプーだと店員に言われた。バナナに含まれる栄養やビタミンが髪にとてもいいらしく、しっかりとヘアケアもできるらしいのだけど、肝心の匂いがバナナすぎて、私にはアウト！　ただ、珍しいのは間違いないので、お土産にはいいかも？

23　ヘアシャンプー&コンディショナー
(Banyan Tree Spa Thai Chamanard)

タイの最高級スパ、バンヤンツリーではオリジナル商品がスパのブティックでも売られ

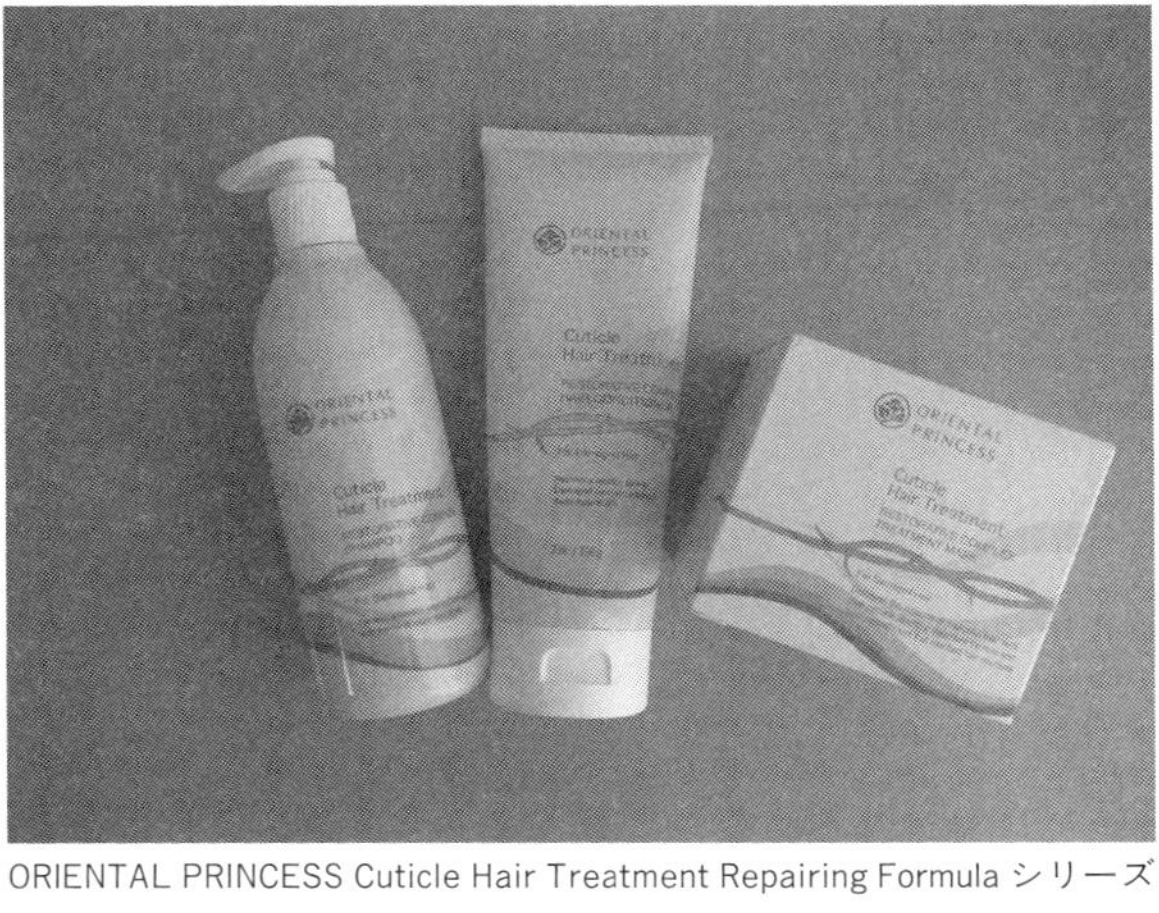

ORIENTAL PRINCESS Cuticle Hair Treatment Repairing Formula シリーズ

ている。シャンプーなども香りはいくつか種類があるけれど、ホテルやスパのアメニティとしてよく使われているのがチャマナードというタイ固有の花のシリーズ。南国らしい華やかな匂い。使用感は、頭を洗っているときから、指通りの違いを感じるほど。日焼けでぱさついた髪がなめらかになるのが嬉しい。ただし、高い！

ちなみに、バンヤンツリーの一押し「Banyan Romance」というラベンダー、サンダルウッド、ジャスミンをブレンドした官能的な香りのシャワージェルとボディローションも使ってみたけれど、やはり酔いしれそうな大人の香りがよかった。使用感はしっとり。

Banyan Tree Spa Thai Chamanard

24　ヘアシャンプー&コンディショナー（HARNN CYMBOPOGON HAIR NOURISHMENT シリーズ）

香りが素晴らしい。私が大好きなレモングラスとラベンダーを混ぜた、シンボポゴンシリーズ。オーガニックオイルと天然ハーブやフラワーでできた髪に優しく、力強い匂いをさせるハーン製品。浴槽が素晴らしい香りに包まれて、最高に幸せな時間。お風呂タイムがとっても楽しみになるほど！　髪がかなりしっとりして、生まれ変わった！　と、実感したのは使用してすぐ。日本の百貨店で売られているものは高価だけれど、タイでは値段も安くなるので、お金に余裕があれば、思い切って買ってみるとよいかも！　個人的にシャンプーはハーンが今のところNo.1！

HARNN CYMBOPOGON HAIR NOURISHMENT シリーズ

【お役立ちグッズ】

25　いい香りの虫除けスプレー（ナチュラルと書いてあるもので！）

汚い足はＮＧ！　はい、それ私です！　もう汚い足は卒業します。タイにある虫除けスプレーはオーガニックのハーブ、ゼラニウムやレモングラスなどでできているので、匂いもいいし、子供にも安心して使えるし、虫除け効果も絶大という優れもの！　日本でも、虫除けハーブとしてゼラニウムをお庭で育てている家庭もあるし、ヨーロッパの家のバルコニーにも可愛らしいゼラニウムの鉢植えがあるのを見かけることが多かった。

つまり、常夏バンコクにかかわらず、世界中の暑い国では必ず蚊に悩まされて、どんなにがんばっても蚊にさされてしまい、結果、腕も足もぷつぷつ赤く腫れていって、痕が汚く残るのだろう。

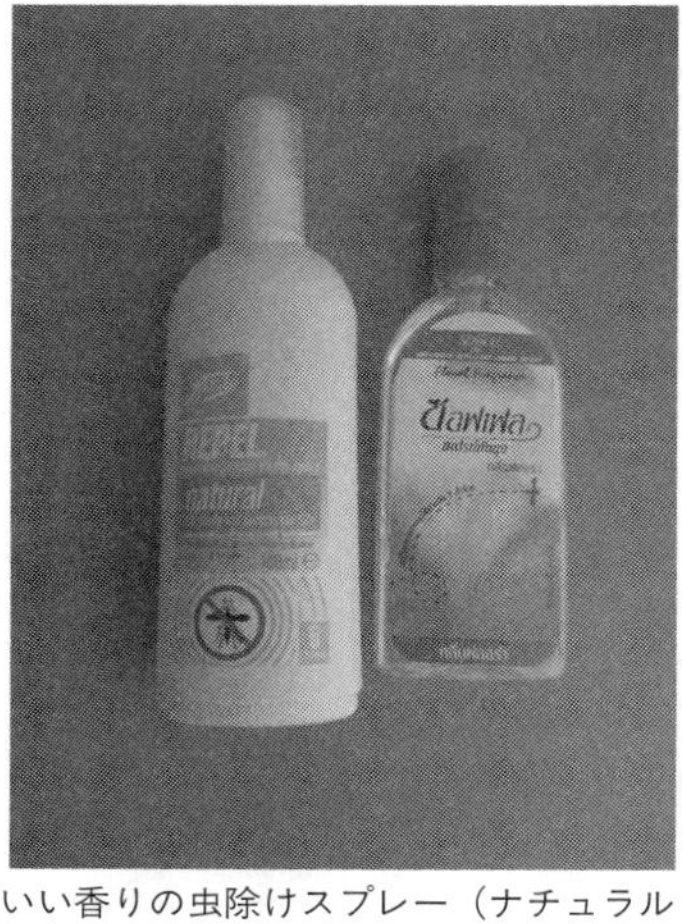

いい香りの虫除けスプレー（ナチュラルなもの）

タイの虫除けスプレーも、かばんに入るサイズの小さいものから、大きなものまであるのがいい。バンコクに着いたら、まず薬局に走ってこれを買い、バンコクを去るときには、旅用にいくつか買って帰るのであります。

26　パフューム・サッシュ（KARMAKAMET）

部屋に置いておくだけでなくて、バックパックやスーツケース、ハンドバッグの中に1個入れるだけで優雅な気分になれる。香り専門のブランドらしく、匂いはかなり強いし、持続力もはんぱない。

手持ちかばんに入れて歩くだけで、クリナの子供たちからも「のんちゃんの匂いがするよ〜」と言われたほど。持ち運びを考えるな

パフューム・サッシュ（KARMAKAMET）

ら小さいサイズのサッシュがオススメ。

香りの種類も豊富で、パッケージについているラベルの色が香りによって違うのもオシャレ。サッシュにはヒモがついているので、かばんにぶら下げたり、部屋に吊るしてもいいけれど、個人的には首からかけて歩きながら匂いを放出させたいと思ったほど。

香りはボディローションと同じモロカンローズもあれば、アンバーやホワイトムスク、ストロベリー、ミモザなどさまざま。

【食べ物】

27　南国フルーツでビタミンを常に補給――ビタミンは最強の美容薬

南国へ行く楽しみといえば、間違いなくフルーツが上位にあげられる。マンゴー、スイカ、パイナップル、オレンジ、パパイヤ、パッションフルーツ、ドラゴンフルーツなど。

日本でも食べられるけれど、なかなか高価なので、毎日気軽に食べるというわけにはいかない。

それがタイではどこででも、気軽に、格安で食べられる。種類も豊富なんだから!

タイ女性の見た目の美しさは、キメの細かな肌が最大の理由だと思う。もとより色白であるのかもしれないけれど、強烈な紫外線の降り注ぐ国で、キメの細かさや美白をどうやって保てるのか謎だった。

私だって、もともとが地黒だったわけではない。しかし、世界の強烈な紫外線を果敢に浴びるうち、肌はカサカサになり、キメの粗さは次第に乾燥大地肌を招いた。しまいにゃ、肌がピリッと割れて血がでるなんてことも。

タイに来てから、タイ女性は美容グッズがたくさんあるから綺麗だとは思ったけれど、やはり内側から常にビタミンを補給しているから、肌の調子がいいのだろう！　と気づいた。

それに、フルーツはスーパーで買えるけれど、タイ女性の食べ方は、フルーツ屋台で買ってての食べ歩き。自分でフルーツをカットしたり、食べ残した分を冷蔵庫に保存したりする面倒も一切なく、必要な分だけ買って、すぐに食べられる。

ああ、羨ましい！

屋台は、その場で選んだフルーツをカットしたり、ミキサーでジュースにしたり、ミルク入りのシェイクにしてくれたりするのが王道。マンゴーを餅米と一緒に食べるスイーツを売る屋台もあって、常に盛況。カフェなんかでは、フルーツプリンにしたり、アイスにしたり、ケーキにフルーツをたっぷり載せたりと、贅沢なフルーツ祭り！

ここで、タイでよく食べられるフルーツの美容効果をまとめておく。めざせ美肌！

○マンゴー
柔らかな果肉やジューシーな甘さが特徴で、「フルーツの王様」と呼ばれるほど健康によいとされる。ビタミンAをはじめとする抗酸化物質が豊富に含まれる。皮膚や粘膜の健康を維持したり、老化防止になったりする。さらに、ビタミンAは目の健康にいいとされるから、綺麗な目を維持することも期待できるので欠かせない！

バンコクではとにかくマンゴーを使ったスイーツが多いので、あれこれ試すのも至福だと思う。私は、やっぱりそのままカットして食べるのが大好きで、バンコクのマンゴー専門店（というのが、けっこう多い）で、コレ、コレ、と指さして熟れているのを買い、友人宅で食べていた。

マンゴーにもさまざまな種類があるようだから、片っ端から試してみたいと思っている！

○パパイヤ
私が一番好きな果物。パパイヤのフルーツジュースがとくに好き！　味は少し独特で、実は昔は苦手だった。それでも一度好きになると、やみつき！

そんな話はさておき、パパイヤの美容効果は、実が熟す前の青パパイヤがものすごい！　というのでご紹介。

日本でも「パパイン酵素」という言葉はどこかで聞いたことがあったけれど、青パパイヤに多く含まれるパパイン酵素はタンパク質や脂肪の分解を促進させて体内を綺麗にしてくれるから、ダイエットに最強！　しかもビタミンCをはじめとする抗酸化成分も多く含まれるので、肌にもよいらしい。

ポリフェノールも赤ワインの7倍以上あるらしく、美容&健康に欠かせないタイのマストフルーツ！

青パパイヤは、屋台でサラダや総菜としてたくさん売られているので、ぜひトライ！

○パイナップル

食物繊維たっぷり！　なんて言われなくとも、すじすじしたパイナップルの繊維が歯に詰まるからよくわかる（私はね）。

熟したパイナップルはとても甘いので、太りそうな気がするけれど、甘いケーキを食べるよりカロリーが低いし食物繊維も多いから、お腹もスッキリすること間違いなし！

とくにビタミンCが豊富で美肌によいとも。

日本でもパイナップルの酵素を使った美肌ローションなどが流行った時期があったのだけど、事実としてブロメラインと呼ばれる酵素は古い角質を取り除いてくれたり、くすみや乾燥を改善してくれたり、ヒドロキシ酸（私の大好物フルーツ酸）が肌のピーリングをしてくれたりと、美容に優れた成分がたっぷりなのだ。

○スイカ
スイカには、トマトよりも多くのリコピンが含まれていて、血糖値を下げたり、ダイエットに効いたり、美白効果があるらしい。タイで思い切り屋台料理を食べるかたわら、絞りたてのスイカジュースを飲むのがいいかも！

その他、カロテン、ビタミンC、シトルリン、カリウムなどの成分も多いゆえ、栄養ドリンクとして飲むのもあり。シトルリンはアミノ酸のことで、他のフルーツにはない成分らしい。シトルリンは、体内の毒素や有害物質を体外にだそうとしてくれたり、血管を広げて、血液の流れもよくしてくれるというのも嬉しい。

ドロドロの血液よ、さらさらになれ〜！

ただし、移動時間の長い乗り物を利用するときは食べる量に気をつけましょう。豊富に含まれるカリウムには利尿作用があるのですぐトイレに行きたくなります（とくに私）。あと、食べすぎると体を冷やすのもスイカ。暑い国ならではのフルーツだとは思うけれど、冷房のがんがん利いたバス移動のときなどは、やっぱり摂取は控えましょう〜！

○ココナッツ

豊富な中鎖脂肪酸が含まれるゆえ、脂肪をすぐに燃焼しエネルギーに変えてくれるから、相当なダイエット効果がある。しかも、抗酸化作用のあるビタミンEが豊富で、肌にいいし、血流もよくなり顔のくすみも解消する。

だから、「ココナッツジュースを毎日飲む」と公言するハリウッドセレブも多いとか。

ココナッツの実を割って、中の液体（それがジュース）を飲むのだけど、正直あまり美味しいとはいえず。まずくはないけれど！　冷やして飲むならばまだいいけど、暑い中、生温いジュースを飲むのはちょっと……。

それでも、ココナッツの美容効果は計り知れないということで、私もタイで何度か飲んだ。慣れれば、意外なほど癖になってしまうともいえる。

それからビタミンEは、ビタミンCと一緒に摂取すると最大の効力を発揮するらしいので、ビタミンCの豊富なフルーツと組み合わせて摂るのがいいかも！

○パッションフルーツ

「妊娠中の女性にはよいフルーツ」とはどこかで聞いたことがあったけれど、パッションフルーツには葉酸がたくさん含まれているんだとか。これは、お腹の中にいる胎児の成長に欠かせない栄養。

あまり日本ではメジャーなフルーツではないから、どんな美容効果があるのか謎かもしれないけど、実はとっても栄養があって、美容にいいフルーツとしてタイでも人気がある。

見た目が赤いボールのように美しいけれど、半分に切って中をあけると驚く。黄色いトロッとしたジェリー状の果肉に、たくさんの種がぎっしり詰まっている。それをそのまま食べるときは、スプーンですくって食べる。

食感がプチプチ、ガリガリと種を噛みながらという感じで、正直食べ疲れてしまうんだけど、その種にこそ超栄養がある。ピセアタンノールというアンチエイジングが期待できる栄養素がたくさん含まれ、美肌や疲労回復によいらしい。

バンコクではパッションフルーツはミキサーでジュースにして飲むのが王道。

また、香りがすご〜くいい。アロマ系の美容グッズにもパッションフルーツの香りというのはよく使われているほど！

○ポメロ

グレープフルーツやオレンジなどの柑橘系フルーツの中で、ダントツにハマったフルーツ。見た目はグリーンのグレープフルーツという感じで、大きさはグレープフルーツよりもひと回り大きい。味が淡白で、甘すぎないので、いくらでも食べられてしまう。

屋台やスーパーでは、一房ずつ皮を剝かれたポメロがパックで売られているのをよく見かけて、私は毎日買っては冷蔵庫で冷やしてから食べていた。

食物繊維が超たっぷりなので、食べすぎるとお腹がゆるくなってしまうほど。おかげで私はバンコクではとてもお腹の調子がいい。いや、時に下してしまうことも（これは、確実に食べすぎです）！

それに、脂肪燃焼効果もあるのでダイエットにいいみたい。

ポメロのひと房のつぶつぶは、指で簡単にポロポロとはずせるので、タイ料理のサラダや総菜に利用されたりもする。有名なのがヤムソムオーという、海老やミント、ナッツ、ポメロをあえた辛めのサラダ。これも、私は大好き。

【美容によい屋台料理&食材】

28　カオマンガイでコラーゲンをたっぷり摂取

こんなに美味しい屋台料理があるなんて、タイは罪深い。それが、カオマンガイという料理。茹でた鶏肉と、その茹でたスープで炊いたご飯を、特製のタレをかけて食べる中国の海南島発祥の料理なのだけど、これがたまらなく美味しい。

バンコクで、地元でとっても人気のある通称「ピンクのカオマンガイ」へ行ってみたときに、そりゃあ空港やショッピングモールで食べたよりもはるかに美味しくて、びっくりした。別にカオマンガイがピンク色なわけでなく、働いている屋台のスタッフがお揃いのピンクのTシャツを着ているから、地元では「ピンクのカオマンガイ」として有名なのだ。

一皿40Bで、カオマンガイを注文すると、まず鶏がらスープがでてくる。これだけでも、かなり美味しくてお代わりしたくなる！　そしてカオマンガイの茹でた鶏肉はとっても柔らかくて、食べると唇がぷるぷるしてくる。コラーゲンたっぷりの証拠！　ご飯も味がついているから、カロリーは高そうだけど、コラーゲンたっぷりのご飯と思えばいいのかしら？

個人的には、ぴりりと辛くにんにくの味が利いた特製のタレは、お持ち帰りしたくなるほど好き。日本に帰って、真っ白なご飯の上にかけて食べたくなる味なんだから！　瓶売りしてくれないかな〜。

コラーゲン注入だと思って、ぜひトライ！

29　ナンキョウでアンチエイジング

タイ料理でよくでてくるナンキョウという食材。タイのショウガ。味と見た目から健康そう。古来より、薬効が高く、胃腸や癌といった病気の予防や治療に使われていたとか。

タイ料理では、ココナッツスープのトムカーガイ（何度も食べてしまう美味しさ！）やトムヤムクンにも必ず入っていて、味に特徴を持たせてくれる。タイ料理になくてはならない味だ。

現代では美容面でもアンチエイジングや毒素排出のデトックス効果があるとして注目されているらしい。つまり、若返りのスープを作るのに欠かせないのがナンキョウというわけだ。

30　激辛「ソムタム」で最強デトックス

体によい、酵素満点の青パパイヤをふんだんに使った激辛サラダのソムタムは、私の好きなタイ料理のひとつ。代謝効果に優れた唐辛子は、ダイエットやデトックスに効果があって、タイの女性たちは、ランチに夕飯にとソムタムを屋台で買って帰る人も多いとか。私は暑い中、氷水を飲みながらソムタムを屋台で食べるのが好き。

しかし日本人にはかなりの辛さ。覚悟すべし！

※果物などの効果については、昔、旅女がベジタブル&フルーツマイスターの資格を取ったときに学んだ知識や、友人の管理栄養士さんに話を聞いて書いています。効果はあくまで個人差があります。

おわりに

女二人のプチ美をめぐる旅　その1
——チェンマイの豪華ホテルに宿泊、プリンセス・ツアーで女である喜びを味わう

クリナとは、同じ私立の中学、高校一貫の学校に通った友達で、彼女が私の人生に登場する一番古い記憶は、中学2年生のときのものだ。別のクラスだったけれど、14歳にしては大人びた顔をして、独特の落ち着いた雰囲気と、太陽のような笑顔が印象的だった。

それから高校1年生のときに同じクラスになった。なんとなく、目の前にある糸を引っ張っていったら目の前にお互いが現れた、といえるほど自然にだけど、見えない強い力によって、我々は引き寄せられて親友になった。

それから18年になる。長所も短所も、強い部分も弱い部分も見せてきた。いや、ネガティブな部分を見せるようになったのは、20代も後半になり、見栄やプライドよりも、一人の人間としてのお互いを尊重し、尊敬し合うようになって、隠したいことなどなくなってきてから。何かを見て一緒に泣くのではなくて、自分の心の深い部分に持っている苦しみや悲しみを吐き出して、泣けるようになった。

一歩、お互いという人間に深く踏み込んだということだと思う。

それに、つらいことや、寂しいことを伝えるには、男性よりも女性の友達がいいのだと、最近は思う。なぜなら、理解し合えるのは、やはり同性だと思うからだ。

たとえば私が、

「最近、ふとした瞬間に胸が苦しくなるの。流れ行く雲を見ても、満開の桜を見ても、幸福そうな家族を見ても」

と、こんな発言をしたとする。

男性は、「なんで？　でもボクがいるから安心してね」と抱きしめてくれるかもしれないけれど、女性は「わかるわ、なぜだか寂しくなるのよね、とても」と言って美味しいケーキを食べに行こうと誘い合う。

もちろんどちらも必要な存在には違いないけれど、時として私は、同性の感覚的な理解に救われることがある。

彼女は23歳で第一子を産み、現在32歳で3男児の母であり、妻であって、独り身の私とは真逆といえる道を歩んでいる。だからお互いの存在が刺激的であって、尊重し合えるのだろうとも思う。

今回のバンコクで、私は彼女と、もう10年ほどできていない二人旅がしたかった。すでにバンコクで会っていることが旅の一種なのかもしれないけれど、できることなら「二人でどこかに行く旅」をしたかったし、もちろんそれは私の王道「一人旅」でするようなものとも違う。

今回「美がテーマの旅」「オンナを取り戻す！」と息巻いてきた私だけど、女同士の旅にこそ、奥深い女性としての大切な美の神髄があるのではないかと思う。

「二人で、プリンセス・ツアーをしたいの」と私は彼女に言った。

「しよう」

びっくりするほど即答だったので、

「え、子供たちは？」

「うん、実は旦那さんが木曜日からバンコクに来るらしいから、週末子供を見てもらえる。

子供を置いてお泊まりなんて久しぶりよ！」と、嬉しそう！

「なんて、いい旦那さんなの〜」と調子のよい女たち。

そういうわけで、私とクリナは、10年ぶりに女二人旅をすることになった。

思いがけないサプライズだ。それはそれはワクワクした。

そして、木曜日に旦那さんはバンコク入りし、彼のいる横で週末の予定をたてる。彼も、これまた結婚する前から私は知っているので、長い知り合いという関係なのだ。だからではないが、あまり気を使わずに楽なのである。

リビングのテーブルにパソコンを広げ、「どこに行く？」から始まって、「どこに泊まる？」「何する、何食べる？」と、一人旅では味気ないアレコレにしたって、二人なんだから楽しい。

「そうだなあ、ビーチリゾートにのんびり滞在でもいいし、スパに行くとか、遺跡を見るでもいいし、でもプリンセス・ツアーだったら、どこだろう」

「プリンセス・ツアー？」とそれまで横で静かに黙っていた旦那さんが言葉を挟んだ。

「そう、プリンセス・ツアー。何か？」と私。

「いや、面白いね」とはにかむ彼。

「そうよ、10年ぶりの女二人旅よ。申し訳ないけれど、思い切り楽しんできちゃう。ガールズ・トラベルよ」とクリナ。

「どこに行くの？」と彼。

「それを今考えてるの」と二人。

再び皆静かになって、パソコンと睨めっこ。ここで、旅女の本領を発揮することになった。

バンコクは道が混む。だから意外と車で1、2時間ほどで行けるビーチリゾートまで4、5時間かかってしまうこともある。それならば、道が混むことのない空路を使い移動しよう。だって、彼女にとっても子供を置いていく女友達との旅は10年ぶりなのだから、〝旅してる感〟があったほうがいいだろう。それに、すっかり大好きタイ国際航空だと、地方まで片道5000円程度でいろいろ行けそう。時間のないことを考えればかなりお得だ。

なんて、頭の中でぐるぐると思考をめぐらし、行き着いた先は、

「クリナ、チェンマイにしよう！　そしてここに泊まるのよ、フォーシーズンズ！」

「チェンマイ！　フォーシーズンズ！　で、いくらなの？」

「飛行機が片道5000円で、ホテルが1泊10！」

「え？　10……マン？」

「イエス、10万円！」

「一人5万か……」

そこは、さすがに無理かなあと思いきや（自分だって半分冗談だった）、またもや「行こう」と即答した。

「マジ？」

「うん」

旅は安く行こうと思えばいくらでも安くできるし、贅を楽しもうとするならばいくらでも高くなる。けれど、旅の価値というものは、金銭的な値段とは必ずしも比例しないと思う。安くて、やっぱり最悪！　ってこともあるし、安いのにすごくよかった！　ってこともたくさん。だから高くて、という場合もしかり。

それよりも、旅の価値を決めるのは「テーマ」を持っていかに楽しむか、という気がしている。このバンコクに私が来たのも、彼女と10年ぶりに女二人旅をするのも、それは美をめぐる経験をするため。ここで思う「美」とはつまり、女である喜びを感じること。

「10万以上の素晴らしい経験をしよう！」と私が言うと、旦那さんがクリナに、こう言った。

「ねえ、いつも一人で3人見てくれてるんだから、それくらい気にせずに行ってきたら、いや行ってきてほしいよ。のぞ（と彼もそう私を呼ぶ）、一緒にそこ泊まりなよ」

二人で、「なんていい旦那さん！」なんて言いながら、顔はニヤリと見つめ合う。そうして旦那さんのカンパがあり、感謝感謝で女二人旅に向かったのだ。

出発の前日、クリナがクローゼットを見て、じっと動かない。

「のぞ〜、私、何着ていこう？　女二人旅なんて、久しぶりすぎてよくわからん」

「そうね、ワンピース⁉　あら、これ可愛いじゃない？」

なんて見比べて、結局私はクリナの淡い紫色のレース生地のワンピースをちゃっかり借りて、彼女も白いレース生地のミニワンピを着ることになった。


土曜日の朝、旦那さんと子供たちに見送られ、我々はショルダーバッグひとつで出かけた。1泊だもの、そんなに荷物がいるはずない。それに、普段必ず持ち歩くノートパソコンも家に置いてきた。ついでに、iPhone まで家に置いてきた（忘れてしまった）から、私はその週末完全にインターネットの世界から足を洗うことになった。


それはそれで、清々しい！

それにしても、淡い紫色のワンピースなんて、着たことがない。左の上腕には、クリナが描いてくれた一輪の花のボディジュエリーがキラキラ輝いている。

何よ、何よ、私ったら可憐なすみれの花のよう。すみれというと、フランスの皇帝ナポレオンが毎年愛妻ジョゼフィーヌにすみれの花束を贈ったという話もあるんだから、プリンセスに捧げる花というわけ。

もう、プリンセス・ツアーはスタートしているわ！

横を歩く白いワンピースのクリナは、そうね、清楚なすずらんのようよ！　もしくはたくましく気品高い白百合よ！

空港へ向かうタクシーに乗っている間も、そりゃあ、普通のタクシーがリムジンに思えてきちゃうんだから、気持ち次第で世界の見え方ってこんなに変わるものかと実感。

実際のタクシーは、変なステッカーがたくさん貼られていて、ジョークだと思うけれど、「おなら禁止！」とか「トイレ禁止！」とか「セックス禁止！」とか……。するか？　無理でしょ？　ってネタばかり。

飛行機は1時間半ほどでチェンマイに到着する。飛行機の離陸前、クリナがこんな乙女なことを言う。

「いや～ん、子供がいない飛行機なんてドキドキする」

「やっぱり子供たちがいないと不安？」

「違うよ！　子供がいると慌ただしいから、いつの間にか離陸しちゃうけど、そうじゃないと、なんか構えちゃう。私って本当は飛行機が飛ぶの、怖いのよ～」

「へっ！！？？」

私なんて、飛行機大好きで、離陸も着陸もスリリングで好きだし、もっと言うと、空で多少上下に揺れるのもスリリングで好き。好きと言うと語弊があるけれど、怖いなんて感じたことがない。

横で、「怖いよー」なんて言っている彼女を見て、そうか、そういうのが「守ってあげたくなる」女ってこと？　と、頭の中のメモ帳にペンを走らす。

彼女の芯のたくましさは、一人で3男児を異国で育て、地元の学校に通わせているだけでも十分といえるほどだけど、こういうちょっとしたところでか弱さを演出（いや、彼女はマジだけど）するのが女性らしいのかもしれぬ、と思えた。

横の席で、そんな思考をめぐらせているとは知らぬ彼女は、窓の外をこわごわ見つめていた。

チェンマイに到着。バンコクとは打って変わり、ほのぼのとした田舎の穏やかさがある。

ここに来るのは人生で2度目。２０１１年末、29歳で会社を辞めて旅にでたとき、バンコクからチェンマイへ来た。そのまま北上して、ラオスに陸路から入ったのだ。ああ、懐かしい。

あのときは一人旅だったもの。

それにしてもまさか、またチェンマイに来るなんて！　とはいえ、フォーシーズンズホテルは、チェンマイからさらに北へ20キロ離れたメーリム渓谷のほうにある。そのため、タクシーに乗って移動しなければいけない。今回は一泊旅行なので、チェンマイはすっ飛ばすつもり。

空港からタクシーに乗り込み、「フォーシーズンズへ」と言うだけで、「はい、姫様」だって（だから、そう聞こえる）。

30分ほどで、「FOUR SEASONS RESORT CHIANG MAI」という看板が見えた。ホテルの入り口だ。そこに入ってから、レセプションまでの距離もけっこうある。かなり広い。レセプションでチェックインをする。ウエルカムドリンクを持ってきたスタッフの笑顔といったら完璧で、さすが「微笑みの国タイランド」と思うほど。おしぼりまでくれて、行き届いた心遣いも素晴らしい。

決してこちらに不快な思いをさせない。当たり前だろうけれど、英語も流暢で、動きも早く、対応も柔らかい。

私たちの到着が早朝の飛行機を使ったせいで、通常のチェックイン時間よりだいぶ早くなってしまったため、彼らは、待たせるのは申し訳ないけれど、よかったらランチでもしてはどうかと勧めてくれた。

「そうだね、お腹空いたしね」

二人で、ロビーから少し降りたところにあるレストランでランチをすることにした。

レセプションとレストランが敷地全体でも高い位置にあるのか、下方には鬱蒼とした濃淡さまざまな緑の木々と、美しい黄緑色の水田が広がっているのが見渡せ、景色が素晴らしい。太陽の光で、水田にたまった水がキラリキラリと光り、緑の世界に埋め込まれた宝石のように輝く。この水田で水牛が飼われているらしい。風車がゆっくりと回り、この忙しない日々を忘れさせてくれる。

方々には、立派なパビリオンやレジデンスと呼ばれる一棟貸しの客室が見える。ずいぶん立派な構えをしている。

言ってみれば、ここだけで小さな〝フォーシーズンズ村〟という感じ。

「ああ、癒しの光景に、食欲がでてきちゃうな」

「食べよう！　周りを見ると、みんなアフタヌーンティーみたいなのしてない？」

あら、本当だわ。まるで英国のガーデンみたい。どのテーブルでも、3段の皿のアフタヌーンティースタンドが置かれている。もちろん、メニューを見たところ、これしかないというわけではない。

「名物なのかな？」

「まさにプリンセス気分？　よくわからないけど」

と、二人おちゃらける。何がプリンセスなのかといえば、実はなんでもよくて、「きゅん♡」とか「わ〜素敵！」なんて乙女魂がぞわぞわと湧き立って、テンションがぐんっとあがればいいのだ。きっと、同時に女性ホルモンだって分泌されるだろうしね（個人的な見解です）！


運ばれてきたアフタヌーンティーには、一番下のお皿にはスコーン。プレーンとパクチー入りの2種類。まろやかなバタークリームとフレッシュなイチゴジャムが添えてある。

「パクチーを入れたスコーンって初めて」

「オシャレな味ね〜」

真ん中のお皿には、タイらしいエスニックな味の揚げものやハムやチーズを挟んだサン

フォーシーズンズのアフタヌーンティーでプリンセス気分を味わう二人

ドウィッチ、一番上のお皿にはチョコレートケーキやマカロン、マンゴーと餅米のスイーツ、プディングなどの甘い系が載っている。

紅茶や珈琲はお代わり自由だというから、二人で大きなポットを2度変えてもらうほど飲み、お皿に載った美食を堪能した。

おしゃべりに夢中になりながら、ふと遠くを見ればメーリム渓谷の山々が聳えたっている。美味しい空気も忘れてはならない。バンコクとは違うよさが、ここにはある。

ゆっくりと時間を過ごし、いよいよ客室へと移動。

レセプションから歩いていくには遠すぎる客室は、カートに乗っていく。道すがら、緑の世界に入っていく。細い小径はそれぞれの客室へと続いており、くねくねと曲がりながら進む。その途中、ものすごい一軒家が現れた。

「何！　あれ！　お城みたい。ドイツとかルーマニアとかにあんなお城あるよ」と私が言うと、

「何階建て？」とクリナが言った。

どうやら、広さ５００平米以上あるペントハウスらしい。聞くところによると、８５０平米以上のヴィラと呼ばれる一軒家もあるらしい。値段は実に1泊70万円とか……。

我らの客室はいわゆるスタンダードのパビリオン。それでも、

「なんと、一軒まるまる⁉」という具合。

2階建ての一軒家で、かなり大きい。

実際は、2階は別の客室となるらしいから、使ってはいけないようだけど、この日は私たちだけの滞在なので、こっそり2階にあがってみたりした。

「こんなに広い客室に泊まったこと、人生でないぞ」

「同じく。なんて広さよ！　すごーい、すごーい」

言葉にすると「すごい」の繰り返し。二人で、呆然とする。どこから使ったらいいのかわからない。玄関があり、中に入るといきなりリビングなのだけど、巨大なテーブルが置

大きすぎるソファにそわそわして、部屋になじめない旅女

かれ、なんと12個の椅子がある。

「え、12人がけのテーブル？　まさに、ナポレオンの世界？　端と端で食事しようか。声を張らないと会話キツいね」

そんな冗談も興奮混じりだ。

巨大なテーブルの奥には天蓋つきのソファがあり、やはりこれも巨大だ。さらにその奥にも巨大ソファとローテーブルがあり、絨緞が敷かれている。絨緞なんか、日本の私の部屋で敷いたら大きすぎるくらいなのに、この部屋ではラグマットくらいの小ささに見えるんだから。

それにしても、今日の我々のファッションを、（この部屋は）わかっていたのかしら？部屋に置かれた家具は茶色系アジアンテイストではあるものの、絨緞やカーテン、ソファの布地の色に紫と白を使ってくれている。

「私たちのために用意された部屋じゃない！」

「なんてことよ〜♡」

絨緞の上で、私とクリナは荷物を置いたかと思うと、両手を広げてくるくる回る。

「あはははは〰〰〰〰ん♡」

「最高だわ〰〰〰♡　くるくる回って、ほら、よろよろしたって（実際に倒れ込む）、どこにもぶつかりやしないわよ～！」

「広い、広すぎる。そしてこの家具すべて、まさにお姫様仕様じゃない！」

ああ、お姫様～お姫様～お姫様～だなんて！　32歳の二人で叫び合うセリフでもないけどさ、今日ばかりは興奮させて～！

回りすぎて目の回った私はソファに寝っころがる。それも両手両足思い切り広げてのばしたって、ちっともソファの端につかないんだから！

「のぞ！　来て！」

「え～、今私、のびてるのよ、う――――んと」

「この部屋見なよ、寝室！　奥に巨大なバスルーム、バスタブがある！」

すっくと起き上がり、クリナの呼ぶ部屋に走る！

「なんてこと！」

巨大なキングサイズのベッドがふたつドン、ドン！　と置かれ、その奥に巨大なバスタブ(ジャグジーつき）が置かれている。

「私、今日、この部屋にずっといていいや」

「そうだよ、観光地なんてこのあたりないでしょ。ホテルの中で楽しめばいいよね」

勝手に観光するものがないなんて決める二人。

「有言実行の姫体験だわ〜」

なんだか、仕草や立ち居振る舞いの一つひとつに女であることを思い出させちゃう。

バルコニーにでて、緑豊かな景色を眺める。ウエルカムフルーツとして部屋に置いてあったりんごをかじりながら、

「ああ、もうこれが毒りんごで今気を失っても、本当に王子がやってきて、眠りから目を覚まさせてくれそうな世界だわ」と妄想は爆走する。


「ねえ、部屋にいてもいいけど、せっかくだからやっぱり外でてみるか」

ということで、旅女の好奇心はホテルの中では収まらず。そう、宮廷の外を見てみたくなった。なんだかんだ、ローカルを覗きたくなるのだ。

ホテルで貸し出している自転車に乗り、何か見所がないかホテルのスタッフに聞くと、近くに寺院があるらしいので、そこへ向かうことにした。

その道で垣間見る地元の暮らしというのは、とても素朴で、穏やかだ。貧しいのかもしれないけれど、とくに窮乏しているというわけではなくて、あるもので暮らしているだけ。

「あ！！！」と叫んで、自転車を止めた。

「どうしたの？」とクリナも自転車を止める。

「ね、あそこに見えるの、猫だよね？」

ある民家の庭の中を指さし、彼女に確認させると、

「うん！　白猫がいる！」

「私、写真撮らせてもらってくる！」

言ったのと、自転車を降りるのが同時で、すぐさま一眼レフを手にかかえ、民家の中に勝手に入っていった。

クリナは自転車から降りて、玄関のような入り口らしきところで様子を窺っている。だって、どう考えたって、普通の民家。堂々と入っていく旅女が心配だったのだろうと思う。

「すみませ〜ん。猫ちゃんの写真撮らせてもらえますか〜」と声をかける。

私はこれまで行った国のほとんどで猫の写真を撮っている。見つけたら、撮らずにはいられない。

白猫は、堂々としている。どうやら人間になれているのだろう。可愛がられている証拠だ。

すると家の奥からお父さんと小さな女の子がでてきた。

「あ、おうちの方ですか？　猫ちゃんの写真撮らせてください〜」と言うと、とても嬉しそうな顔で「まだいるよ！」と言って、家の奥から2匹、白黒のブチ猫と三毛猫を連れてきてくれた。

どの猫もおっとりして、されるがまま。

それから女の子に白猫は抱っこされる。白猫がだら〜と足をのばすと女の子と同じくらいの背丈になった。

女の子のお母さんもでてきて、

「どこから来たの？」とか、

「少しだけ日本語わかるの。えーっと、〝カワイイ〟？」とか。気づけば犬まで現れ、その場は賑やかになった。近所のおばちゃんまで来たりして。

存分に写真を撮らせてもらい、お礼を言ってから、やっとこさ寺院に向かった。


金ぴかと真っ白を基調に造られた寺院は、ミャンマーやタイ北部によくある造りで、オレンジ色の袈裟をまとった僧侶たちが、寺院の敷地内を掃除している。それに、白装束の女性たちもたくさんいる。

ある場所に猫がいたので、また写真を撮っていると、一人の中年らしき白装束の女性がやってきて、少しだけ口角をあげながら、「あそこ行ってごらんよ。たくさんいるよ」と、寺院の奥を案内してくれた。

そこには、猫がわんさかいて、子猫もたくさん。

猫を世話しているらしい「猫ばあや」がいて、彼女は白装束を纏い、髪はほぼ白髪の痩せた老婆だった。猫を「見て見て」と指さす。まるで我が子のように愛おしそうな顔をして。猫ばあやは、私が猫好きだと言うと、嬉しそうに子猫を抱っこして、写真を撮らせてくれた。それから私にも抱っこさせてくれる。腕の中にすっぽり収まり、見た目以上にか細い存在だと感じた。

なんて、小さな命。だけど、同じ地球に生まれてきたのね。

「この子たちは、しっかり抱いてあげないと、この寺院は野良犬が多いから、殺されちゃうの。守ってあげないと」

どんなものであれ、生まれてから、たった一人で生きることはない。誰かに守られ、守ってあげる関係の中で生きている。腕の中で抱かれる子猫のあどけない顔を見たら、なんだか嬉しくて泣きそうになった。

夜、ホテルのプール沿いにあるバーのソファチェアに横たわりながら、お酒を飲んでいるときに、クリナが言った。

「私、今日のあの子猫たちを見ながら、子供たちのことを思ってたの。こんな自由な時間は学生のときぶりで、だから子供のことは忘れて楽しもう！　なんて思うけど、やっぱり片時も忘れられないわ」

「そんなもんだろうと思うよ」と、私はシガーを吸いながら言う。吐きだされた煙が夜空にあがっていく。

私はシガレット（煙草）は吸わないけれど、チュニジアやトルコなどアラブの国で体験できるシーシャ（水煙草）や香りを楽しむシガー（葉巻）が好き。シーシャはアップルやオレンジなどの香りをつけて吸ったりするし、シガーは吸い口に蜂蜜やラム酒をつけるとさらに美味しくなることを旅先で知った。

シガーをたしなむことは、なんとなく「おっさんくさい」と思っていたのだけど、それもすっかり価値観が変わった。

パリのバーでフランス人女性がシガーを口にくわえていたり、女性の口から煙が芸術的に吐きだされている写真を見たり、キューバのおばあちゃんが路上でシガーを吸いながらサルサの音楽に体を揺らしたり。

それに、ゆっくりと時間をかけるからリラックスしたり、自分の中に深く入っていくメディテーションのような感覚がしたり、旅をする中で、シガーは「おっさんがするもの」から「女性でも素敵だ」というものへと自分なりの美意識の変化が生まれた。実際、シガーには細くて女性に向いているものもある。

「それでも、やっぱり今日ね、ふらふらと彷徨いながら、あてもなく自転車をこいで、民家に寄ったり、ようやく寺院を見つけたりして、ワクワクしたの」

「うん」

シガーを吸い込むと、尖端の朱色の火がより明るくなった。

「自分が女子に戻った感じだった」

クリナが、星の降る夜空に手をのばした。

「学生の頃なんて、未来はあてもなく、何も考えず、ただ毎日が楽しくてワクワクしてた」

私も片手をあげて、星をつかもうとしてみる。

「そう、いつも女子でわいわいして、おしゃべりして、恋愛相談や就職の話なんかして。不安もあったけど、ただワクワクしてた。その気持ちを思い出して、嬉しかったの」

「大人になるにつれて、いろいろ頭で考えちゃうから。忘れたくないイノセントな気持ちってあるよね。それを持ち続けることは、美しい女性の神髄かもしれないなあ……」

「うん。だからね、のぞが旅に誘ってくれてよかったの」

私は旅にでてから、自分自身が大きく変わったと思う。性格も、体力も、物事の考え方も。そんな変化の中で、何度も過去や未来という時空を、想像の中で行き来しては、「あの頃は」

とか「これからは」と思った。

そうして、3次元にいる自分という存在を、なんとなく4次元で捉えられるような感覚になり、この世界で生きる喜びや楽しさ、世界の美しさをいっそう感じることができるようになったと思う。自分という宇宙で唯一無二な存在は、夜空に輝く星よりも美しいのだと気づいて、幸福を感じた。

今、世界は大きな過渡期を迎えている気もする。世界は闇に包まれている。恐ろしい事件も多いし、未だに戦争は終わらず、罪のないものたちが傷付き、殺戮されている。

物質的な豊かさばかりを追い求めてもいる。

その中で美しくあろうとすることは、いったいどういうことだろうか？　答えのない疑問だけが夜空のように広がる。

ただひとつ思えたことは、この世界や未来を憂いて悲しい顔をするよりも、自分が今をしっかり生きることが何より大切なことだろうということ。暗黒の宇宙で美しい光を放つのは、一人の人間が抱く希望や愛なんじゃないかと思うから。

女二人旅で、お互いを思いやる愛や感謝する気持ち、自分に対する希望を抱き、それが世界に美しい光となって放たれていれば、それで十分だ。今の自分には。

少し涼しくなってきた。もう外のプールで泳いでいる人は誰もいない。

「ねえ、お部屋でお風呂に一緒に入ろうよ！」と言った。

「いいね～。またまたワクワクするよ！」とクリナが答える。

大きすぎるバスタブにお湯をため、アメニティにあったバスジェルを入れてぶくぶくの泡の中に二人で入った。

「泡風呂～」

「今日は白馬の王子の夢が見られそう」

「でも、のぞの王子はかっこよくないんだよね～」

「たまにはイケメンと出会いたい」

二人で、あはははははと笑うと、泡ぶくがふっと浮かんでパチンと消えた。


朝食のビュッフェを食べ、パクチー入りのスイカジュースを飲みながら、楽しいひとときを思い出す。バンコクへと戻る時間まで、ゆっくりと部屋で過ごすことにした。

部屋に戻ると、ホテルのレセプションにいたお姉さんが、シャム猫を抱っこして待っている。一瞬驚いたけど、彼女と昨日レセプションで猫好きトークをしていたのだ。

「私、シャム猫が家にいるんですよ。明日、私は仕事がお休みなので、よろしければお客様のお部屋に連れていってあげましょうか」と言ってくれて、「ぜひ！！！」と、お願いしていたのだ。

初めて見る、純血シャム猫。日本の離島でもよくシャム猫風の野良猫は見かけたけれど、当然純血ではない。それはそれで可愛いのだけど。

「わ〜。小さい！　目がまるい！　美人さん！」

「まだ生まれて半年なんですよ〜」とお姉さん。

シャムというのは、タイランドの旧名。すなわち、シャム猫とはタイ猫ということ。タイ美人のように、しなやかな肢体をして、美しいアイラインが特徴的。

「きゃわいい、きゃわいいよ〜」というよりは、「お美しゅうございます〜」と言いたくなる気品のある猫だ。

お姉さん、「よかったら、これ」と言って、シャム猫の写真をコラージュした一枚の写真を私にくれた。なんて素敵なのでしょう。最初から最後まで、大満足のフォーシーズンズだった。

家に帰ると、驚くほど家は散らかっていた。男4人だから仕方ない。でも、クリナは嬉しそう。

「おかえり!!」と近寄ってくる子供たちにハグをして、顔はすっかりママだった。

「ほら！　みんな、片付け！」

いつも通りの威勢のいい声に、子供たちは「は〜い」と不服そうに従う。

女二人のプチ美をめぐる旅　その2
——占い師マダム・エヌによる壮大な時空旅行と美しい人生について考える

「あなたは広い世界にでかける旅人の星です」

と開口一番にマダム・エヌが言った。そして、

「いろいろな国を旅して、広い世界を見ていく星のもとに生まれていますよ。未知のものに対するチャレンジャーであり、いずれ生まれ育った土地を離れ、知らない土地へ行くでしょう」

と、私のホロスコープをパソコンで見ながら、話を続けた。

彼女はバンコクに30年近く暮らしている日本人の占い師で、20年以上、多くの女性を対象にさまざまな悩み相談を受け、解決の糸口を探してあげてきたという。占い師はよく「先生」と呼ばれると思うけれど、なんとなく「マダム」と言いたくなる妖艶さと優しさがある。

鑑定は太陽星座で、生年月日と時間、生まれた場所などから「その人が生まれたときの太陽が位置した星座」を見て、統計的に性格や運勢を分析してカウンセリングしてくれる。つまりホロスコープというやつだ。

マダムは、独自の表現と長年による鑑定経験での話が、「前向きになれる」「面白いことを言われる」とバンコク滞在者の中では有名らしい。時に、「あたる」とか「未来を見てくれる」占い系に興味を持ってしまうこともあるけれど、「前向きになれる」というのは今と向き合える気がしていい。

ただ、マダムは基本的に一切表にでることがないから、誰かの紹介がなければ出会えないみたいだ。私は、クリナがバンコク滞在中の友人に紹介されたときに一緒に予約をしてもらった。

というか、まったく予定を聞かされずにいて、ある日LINEで、「のぞ、生まれた時間と場所を教えて」と連絡があった。これは、鑑定当日より前に生年月日と生まれた時間と場所をマダムに伝えて、鑑定日までにホロスコープを作ってくれる流れだったからだ。

そうして予約の日、クリナとマダムのサロンへと向かった。

バンコクは年間を通して暑いけれど、その日はとくに湿気も多く、気温も高くなって、肌がすぐにじっとりする。トゥクトゥクに乗り、活気あふれる街中を走る。

「なんかね、人って、持って生まれた星みたいなのがあって、『あなたは貴族の星です』とか『旅人の星です』とか、そう言われるみたい」とクリナが耳元で話す。

クラクションやエンジンの音、ビル建設中の工事の音などで、声がかき消されそうになる。

「へえ〜。じゃあ、私は絶対に『旅人の星』って言われるんじゃない？　なーんて、そう簡単にわかるものかな？」と答える。

大通りの喧噪をくぐりぬけて、紫や赤い花が咲き誇っている静かな小径に入り、ようやくサロンに到着した。

サロンは、美しいアジアン家具と背の高い観葉植物がいくつも置かれ、室内にいるのに気持ちのよいガーデンにいる感覚になった。

鑑定が始まり、マダムは私のホロスコープをパソコンで見ながら、開口一番に、「あなたは旅人の星ね」と言った。

「知らない土地、異文化になじむのが早いでしょう？　異国の地に憧れる星を持って生まれているわ。多くの国と縁を持つ。あなたの運命の中には『旅』がある。人生のほとんどを旅で過ごすでしょう」

そう言われて、私は作りたての名刺を差し出した。

「旅女」と書いた肩書きを見て、マダム自身も驚いた顔をしてから、微笑んだ。「ほうらね」と言って。

さっきトゥクトゥクで冗談半分に「旅人の星と言われるかも」と話していたことが現実になると、幾分不思議な感覚に陥る。

何、ここ？　あなた（マダム）、ただ者じゃないですね！

「ね、あなたの星を見ると……」

パソコンで360度の円の中に12星座を表し、その中に現在の太陽系の星（火星、金星、木星など）がランダムに配置されているグラフ（ホロスコープ）を見つめている。

もちろん、人それぞれによって違う配置になるし、過去や未来まで時間を移動させて星の配置を見れば、どんな人生なのか読み解けるらしい。

そもそも星でなぜ人の性格や運勢がわかるのか？　と疑問にも思うけれど、この大きすぎる宇宙に浮かぶ星には、それぞれの意味があるらしい。たとえば冷静な星とか、感情的な星とか、財運がいい星とか。

もし私がまったく宇宙に興味がなければ、この話も半信半疑だったと思うのだけど、なんてったって、私は宇宙に大変興味がある。これは父親の影響で、家には何冊も宇宙の本があったり、父が録りためた宇宙に関するテレビ番組の録画などがあったりする。

何より長期の旅の中で、とくにアジアでは宇宙（自然）に対する信仰が強いせいか、ただならぬ宇宙への畏れを人々が持っていること、宇宙の偉大な流れの中で、人はぷかぷか流されるように生かされているというような確信を持った。

とくに、南インドのポンディシェリーで受けたスピリチュアル・レクチャーの日々では、人の肉体も魂も宇宙の一部から生まれたことを学び、宇宙というのは私たちの手の及ばないところで、多大に「自分」に影響を与えていると感じるまでになった。

だから、宇宙（国や人によっては、スピリット、ユニバース、ディヴァインなどと言う）が構成した星の配置にも、宇宙の意志と意味があって当然だろうと思うようになった。

人によっては、その宇宙の存在が、神社の神様であったり、お寺のお釈迦様、インドだったらシヴァ神やガネーシャ神であって、パワーや導きを求めたりするのだろう。

そんな星が表す私のホロスコープが「旅人の星」というのには、驚いた。

「これだけ、いろいろな国の星が入ってきてるんだから、旅よねえ」

とホロスコープを指さしながらマダムは言って、唐突に、

「あなた、スペインに興味はないの？」

と聞いてきた。

「南米と中米に惹かれるから、スペイン語をやりたいと思っているところです」

と答えると、

「それがいいわ、だって、あなた前世もスペインに深く関係があったと思うもの」

と鑑定は壮大な話になってきた。

マダムは霊能者ではないから人の前世や未来などを透視したりはできないけれど、生まれたときの星の配置などを見たら、十分に前世や未来を想像することはできると言った。

マダムの前世のキーワードを聞いていると、「旅」「放浪（ジプシー）」「スペイン」「ポルトガル」などがでてくる。

そんな話を聞きながら、私なりの妄想が入ると、時空を超えた壮大なストーリーが完成されていく。


私の前世……。ああ、見えてきた、思い出してきたわ……。

そう、私はいろいろな国をあちこち移動していたんだったわ……。

旅は帰る場所があるものだけど、私は生まれた土地を離れ、自分の居場所を探すための旅にでるのよ。さようなら、我が故郷。

いや、そもそも私はスペインのジプシー家系に生まれたのかもしれない。だから、生まれた場所さえも、移動中の古い街の安宿だったのかも。

家族や仲間たちと皆で芸をしながら、歌ったり踊ったり、そして違う街へ行く。時に居心地のよい場所を見つけ、少し長く滞在したりもしたはず。そう、もしかしたらポルトガルのどこかで恋にも落ちたかもしれない。ハッとするような出会いがあってね。

そしてある日、恋人から「僕と暮らそう」と言われる。「ここにいてくれ」と。でも、私は定住してはならない身。移動を続けるジプシーなのだから。

返事は無言で返し、早朝、彼が眠っている間にその街をそっとたつ。

と、ここまで妄想が膨らんだところで、マダムから「んー、ジプシーよりは修道女だったと思うわよ」と遮られた。

「スピリチュアルな星があるから。あなた、カトリック系の学校にご縁がなかったかしら?」

ここで、私とクリナは同時に、

「そうです!」と答えた。私たちは同じカトリック系の中学校、高校をでている。

マダムがさらに前世のキーワードを言い始める。

「修道女」「神様」「巡礼」「精神世界」「アラベスク」、それから「オリーブ」。

「オリーブ?」と思わず聞き返す。

「そう、私なりの過去の鑑定経験から、この星の配置の人は、オリーブにご縁があるからね。

そうやって見ちゃうのよ」

それから、まじまじとホロスコープを見て、

「あら、それに、クリナさんと前世で会っていますよ。あなたはアルケミストだったのね」

と言った。

マダムはクリナのホロスコープも見ながら、我らの接点を鑑定し、前世での関わりまで読み解いてしまうのだ。その接点となるキーワードを聞いていくと、再び私の妄想トリップが始まっていく。


私はスペインで生まれ、生涯を神に捧げ、神様と結婚をした修道女。スペインにある巡礼の道、サンティアゴ・デ・コンポステーラへの強い憧れがあるのは、この頃の記憶のせい。大きな太陽と、緑や青に煌めく海に惹かれるのも、南の温暖な土地で生まれ育ったからだ。

私は生まれた街を離れ、毎日、毎日、神様に祈りを捧げ、神様の教えを世に説いては次の街へと旅していた。世界各地を神様の導きと好奇心のままに訪れ、それこそ中米や南米、アジアの日本にだって行った。

世界にはなんてさまざまな人が暮らしていることでしょう！　巡礼の旅は発見と冒険の連続だった。

世界巡礼の旅が終わり、再び故郷スペインに戻り、しばらく南スペインにある小さな修道院にいることになった。

ああ、なんて心が落ち着くのかしら。でも、落ち着くと次第に、またどこかへ行きたくなってくるのだ。

アンダルシアにあるイスラム建築に描かれたアラベスク模様が大好きで、ジブラルタル海峡の向こうにあるアラブの異国へ行ってみたいと常々思っていた。

そこはイスラム教の世界だけれど、絶対的な信仰心を持つもの同士、どんな人たちが暮らし、どんな文化があるのか興味があって、とても知りたがっていた。

そんなとき、アルケミストのクリナが、時代は「魔女狩り」の真っ最中、迫害にあって命からがら修道院に逃げてきた。

アルケミストというのは錬金術師ともいって、銅で金を作ろうとした、いわゆる魔術師とも言われる。それが注目を浴びる時代もあれば、異端者として処刑される魔女狩りの時代もあった。

私は彼女の目を見て、すぐにかくまってあげることにした。彼女とは何か「縁」のような不思議なつながりを感じたから。

修道院の入り口や庭先には、たくさんのオリーブの木が植わっていて、オリーブの木々に囲まれた地下室がクリナの隠れ家だった。

追っ手の来ない時間は、クリナも神様に祈りを捧げ、私たちはいろいろな話をした。とくに私は、アルケミストがどんなものを作りだすのかをとても聞きたがった。自分の知らないことを知るのが楽しくて仕方がなかった。

あるときは、二人でオリーブを収穫したり、料理なんかも作ったりした。

季節が変わり、私が再び巡礼の旅にでるまでの時間をずっと一緒に過ごした。私の心の中には神様がいるとはいえ、生身の人間と心を通わせる日々はとても幸福だった。旅とは違うけれど、心の中に大きな充実感と安らぎがあった。きっと私もどこか孤独だったのだと思う。

白く可憐なオリーブの花が咲いた日、別れの朝が来た。私は彼女にオリーブの柔らかい葉っぱを渡した。

「オリーブの木は『平和』を意味します。でも、この葉は出会いの証です」

「ええ、必ずまた会いましょう。ありがとう」

アルケミストのクリナは、その後どこへ行ったのかわからない。でも、彼女の行った先々にはオリーブの木が植わっていった。世界の「平和」を祈って。

妄想トリップ終了。現実に帰ってきた。

まあ、キリスト教に生まれ変わりの発想はないけれど、これはマダムの鑑定による私の勝手な妄想の話だからよしとする。

「そう、前世、のぞみさんに助けてもらったから、今世はあなたを助けるためにクリナさんがいるという関係なんですよ、星ではね」

勝手な星の配置により、記憶にない恩をクリナは私に返さなきゃいけないというのも面白い話だけれど、「クリナ、頼むね、助けてね」と話に便乗してみる。

「でも、クリナさんもスペインに縁があって、アルケミストの星だったんだから、前世で絶対に会ってるわね。きっと未来もまた、どこか異国のオリーブの木の下で、あなたたち二人は一緒の時間を過ごしていると思いますよ」とマダムが大きくうなずく。

正直、霊視でもなくて、ホロスコープだけで前世のイメージが自分自身でこんなに描ける占い師さんは初めてだ。

そのとき、足もとに何かふわっと触れて、驚いて見ると真っ白な犬が近寄ってきてそのまま丸くなって眠ってしまった。

「他に質問はありますか？」

マダムがいれてくれた珈琲を飲んでから、思い切って聞いてみた。

「あの、私、旅をしてずいぶんと男っぽい面が強くなっていると思うんです」

「あなたが？」

「はい、私の中の女性性について知りたいです」

「なるほど、女性性ね……、もちろん、なくはないわよ」

なくはない、という言い方って、なんでしょう？　つまり、あるけれど、少しだけ……という意味ですか？

「えっと、つまりね……。ほら、このホロスコープ見て」

私のホロスコープは、３６０度の円の、片側の１８０度に現在の星座がすべて入り込んでいる。

「片方だけにこんなに偏っているということは、かなり『ＯＮ』と『ＯＦＦ』をはっきりさせる性格なんだと思うわよ。生き方とかもね」

マダムが言うには、女性性がないわけではないけれど、女性一人旅の間は中性的なほうが安全だし、うまくいくことが多いから、「ＯＮ」と「ＯＦＦ」にも表れている通り、旅の間は、今は男役を演じているのではという。

「だから、あなた、オスカルなんじゃない？」

「えっと、『ベルばら』のオスカル？　女性なのに男性のフリをしてた？」

「そう！　でも大丈夫よ。恋をしたら、本当の意味での女性性もでてくるわ！」

オスカルか〜。おーい、恋よ、来い！　来い！　カモーン！

「あと、他に聞きたいことは？」と言われたときに、私ではなくて、クリナが、

「彼女（私）にパートナーは現れますか？」と聞いた。

「もちろんですよ。優しい人、やることを見守っていてくれる人がいいし、それに外国人がいいわね！」

「えっ、外国人ですか⁉」

「絶対に外国人にしなさい。（ホロスコープを見ながら）あら、あなた面食い？」

え？　イケメン好きかって？

「そうですね……」と言おうとしたところで、

「えっと、変わった人が多いですね」とクリナが答えた。

あの、返事になってないんですけど？

「ああ、なるほどねえ。そうね、好奇心が強いから、ミステリアスな人に惹かれるのよね。それに、あなたは前世で結婚していなかったと思うの。ほら、あなた修道院長だったでしょ？　結婚は神様として、神の教えを説いて回っていたしね。だから結婚をするなら、意識の中で初めてのことだもの。こわごわなはずよ」

あら、マダム、いつの間に私は〝修道院長〟に出世を？

それにしても、私に結婚願望が薄いのは、そういうことか！

これまでに、お付き合いをしても結婚を考えたことは一度もない。女友達からは「なんで？」「子供ほしくないの？」と聞かれたりするのだけど、正直理由なんてわからずにいた。

それがなんと、前世から今世までに抱えている恐怖心だとは。

南インドのポンディシェリーのスピリチュアル・レクチャーで先生が、「トータリティ」の話をしてくれたことを思い出す。

それはこんな話だった。

ある父親が病気で死にそうになった息子を病院へ連れていく。父親はドクターに泣きながら、息子を助けてほしいと言った。

ドクターは最善をつくしたが、翌日になって息子は亡くなってしまった。息子が亡くなったことを父親に告げると、彼はただ、こくりとうなずくだけだった。

ドクターは聞いた。

「悲しくないのですか？」

父親は、昨夜夢を見たのだ。それは、彼の息子の魂が肉体を離れ、そして次のライフ（世）へと行くのを。彼の魂は新しい肉体の中に入り、彼は生まれも環境も今とは違うところだけど、すくすくと成長して、やがて家族を持つ。幸福な日々がそこにあり、やがて年老いてまた亡くなった。

するとやっぱり、彼の魂はまた、次の次のライフへと飛んでいき、同じように新しい肉体の中に入り、成長し、家族を持ち、年老いて亡くなる。

父親は悟ったのだ。

大事なことはトータリティなのだと。

私たちのライフは、この一回きりの人生だけで終わりではないのだ。一部だけを見てはいけない。大事なことは全体を見ること。そして今のライフで学び足らなかったこと、できなかったことを次のライフに課題として持っていくのだ。


バンコクにいながら、一瞬にしてあの日、南インドのポンディシェリーで聞いた先生の話が思い出され、海辺の穏やかな風に包まれた気がした。

私たちにはたくさんの欠点や弱点があるし、うまくできなくて悔しい思いをしたり悲しみにくれたりすることもある。人生の半分はそんな経験をするのかもしれない。

だけど、その苦しみや不安はきっと、私にとって大切な修業であって、前世（があると私は信じているのだけど）で全うできなかったことを今に引きずり、今こそ乗り越えるチャンスが来ていると思えば、立ち向かう勇気がでてくる気がする。

私もこわごわ、今世で初めて結婚するかもしれない（今、まったく予定にあらず）！

愛と勇気があれば、きっとうまくいく。

「とにかく、大丈夫。みんな、大事なのは笑顔よ。笑顔をしていたら、美しいの！　あなたのところにたくさんの人が集まってくる」

「そうですね、笑顔！」

旅にでるようになって、心から笑顔になることが増えた。それまでが嘘の笑顔というわけではないけれど、今思えば表面的な笑顔が多かったもの。

旅にでて、たくさんの人や異文化に出会い、笑顔が自然に生まれていた。それは異国の世界が与えてくれた笑顔だ。

クリナと再びトゥクトゥクに乗って帰る。二人とも、なんとなく無言だけど、心地よい充実感に満たされていた。

もう家に着きそうだというときに、

「ふふ。オリーブの木ね」と、クリナが言った。

「ね！　どこの国だろう」と、私は答えながらワクワクした。

後日、私とクリナはマンダリン・オリエンタル・バンコクに向かった。

私は仕立て屋 Rinna Boutique で作ったマリーゴールドの色のサマードレスを着て、靴はプラチナムで買ったキラキラのビジューがついたパンプス。クリナはアジアティックで買ったハート柄のワンピースと、やっぱりプラチナムで買ったキラキラのパンプスを履いて。

オリエンタルには、BTSに乗ってサパーン・タークシン駅で下車。そこから歩いてすぐチャオプラヤー川からマンダリン行きのボートがでている。

船着き場に着くと、ボートが離岸をしたばかりだったのだけど、係員がトランシーバーで指示をだし、「ボートを戻すから待ってて」と言って着岸してくれた。

「ありがとう」と自然と笑顔がこぼれる。

5分ほどで、マンダリンのガーデン横に着岸した。対岸にはペニンシュラホテルがあって、高層のビルが遠くに建ちならぶ。建設中のビルが多いバンコクは、これからさらに加速して街並が変わっていくのだろう。

降りてホテルのほうに歩くと、「あった、これだね！」とすぐにプールを見つけた。

「これが龍神の通る道、龍脈なのね」

船着き場のあるチャオプラヤー川沿いにプールがあり、プールの水は川に向かう方向に流れている。底には小石がうまっているから、光の反射で小石の凸凹がゆらゆら揺れる水面に陰影を作り、龍の鱗のように見える。

「ここ、本当に気持ちがいいね」

マンダリン・オリエンタルに二人で行ってきたらいいと教えてくれたのは、マダム・エヌ。占いが終わった後の余談で、バンコクで一番好きなパワースポットだと教えてくれたのだ。

「ガイドブックなんかに載っている寺院もいいのよ。旅だったら、エメラルド寺院もオススメだしね。でも私はね、ぜったいマンダリン・オリエンタル。パワーをいっぱいもらえるの」

昔の街というのは風水を使って作られ、このマンダリンのプールのある道というのは龍が通るパワーのある道として設計されているから、とてもいい気が流れているのだとか。

「龍神さまに守ってもらおう」

「龍神さま〰〰〰」

それから二人で気持ちのよいプールサイドのカフェでランチをする。目の前にはチャオプラヤー川がゆったりと流れている。

せっかくなのでタイ料理に決めた。

今回はタイ料理も習い、お洋服も作り、たくさん買い、カサカサな肌やぱさぱさな髪も潤い、ムエタイにきゅんきゅんとし、仕草だってしっかりタイ女性を見習ったし、いくぶんか美に自信を取り戻した。

何より、女性の美しさとはやっぱり外見と内面のバランスだし、どちらも気にしないといけない。そのためには、笑顔になれるような日々の生活と、愛する家族や友人たちに誠心誠意付き合うことが大事だと思った。

けっして、タイの美しい女性たちが、美容サロンやスパに通いつめているわけではないように、美というのは心の奥底から生まれてくるものだし、表面的にもしっかり意識して実行することで作られる。

「今回も、どうもありがとう」

「私もだよ、のぞが来てくれてがんばれた」

目をつぶると、あるビジョンが頭に浮かんできた。

未来のいつか、きっと私たちが50歳や60歳になったとき、海からの風が心地よい異国の丘に生えるオリーブの木の下で、家族や仲間たちと集まって一緒にピクニックをしている。ああ、私はこんな素敵な居場所を見つけたんだなと思う。

みんな笑顔で、私やクリナはもうだいぶ歳を取っていると思うのに、今よりも輝いて、美しい。

そんな未来が描けるだけで、人生そのものが美しく感じられる。

あとがき

帰りのタイ国際航空の機体は、スワンナプーム国際空港を23時15分に離陸した。夜だというのに、空港はものすごい人の数で、チェックインも荷物検査もイミグレも、どこも長蛇の列だった。

まさに、勢いのあるバンコクを物語っている気がする。

機内、行きは運よく非常口席で足下は広々。モニターは足下に収納されていて、そのおかげで、日本人のおじさまダンディとの素敵な出会いで始まった旅となった。

帰りの機内は、普通の席で通路側。ほぼ満席だと思う。もちろん羽田空港行きの便だから、日本人の旅行者が多く、タイ人と半々くらいだったと思う。

相変わらず美しいキャビンアテンダントは、ペールトーンの上質なタイドレスを身に纏い、しなやかな動きでサービスを始めている。

夜遅い便なので、離陸後はすぐに消灯して、私もすぐに眠りについたのだけど、時折目覚めると、タイドレスから紫の制服に着替えたキャビンアテンダントがトレーに飲み物を載せて、通路を何度となく往復していた。

静かな機内で、半分眠ったような状態で、タイで過ごした日々や旅のこと、そして「美」とは何かを私なりに反芻していた。

タイで、自分なりに考えた多くの美をめぐる体験をして、外見だとか、内面だとかの美しさを追い求め、実行してみたのだけど、結局外見について言えば、当然若かりしときよりはずっと老けたと実感するし、体型のくずれや新陳代謝の低下、健康面、体力さえも衰えているのは、もう仕方がないことだと悟った。

若かりし頃は、肌もキメの粗さやたるみ、シミ、シワもなく、ただ生きているだけで、美しかった。今だって、街中で見かける高校生や大学生、20代の女性は、自分とは違う。抗えない現実ってある！

そう、人が老いることとは自然の摂理。老いとともに、うまく自分らしく美しさを追求していくしかない。いずれ私は40代になるし、50代になるし、おばあちゃんになっていく。

結局、外見的なことは、タイ美女たちが言うように、「健康的であって、運動して、しっかり保湿をする」というほどにシンプルなことで、意識を持ってすれば十分なのかもしれない。

それにちょっとの冒険をする。自分がこうなりたい外見があるのなら、それを実践してみることだと思う。お化粧も、ファッションも髪型も体型も、自分にとっての「美」を追求し、自分という器（体）でやってみる。自分の体は、自分だけのものなのだから。

この旅は、タイを舞台に、自分が追いかける美の参考にさせてもらった。だけど、タイにはタイの美意識があるように、他の国には他の国の、人には人の美意識がある。

たとえば、インドやアラブでは、とにかく太った女性、三段腹も四段腹もある女性が美しいとされるし、アフリカのどこかの民族では、耳や唇に大きな穴をあけて、それが大きいほど美しいとされる。タイ北部の首長族だって、首が長いほど美しく究極のなで肩をしている。怒り肩の私は、きっと部族一番の不美人だろう。それに、ブロンドのカールヘアが美しければ黒髪のストレートが美しいと思う国や人もいる。

ソバカスのない肌が美しいと思って、いつも日傘をさして美白を心がける人もいれば、ソバカスができたって海で泳ぎ、鼻の頭を真っ赤にさせても、それが美しい姿だと思う人もいる。身につけるファッションだってさまざまに美意識が違う。

世界は、それぞれの美にあふれている。

美とは、混沌とした暗闇の宇宙に、ある秩序を持った太陽系に誕生した美しく青い地球のようなものだと思う。

宇宙でたったひとつの、自分という星になること。

その星を磨きあげること。

もちろん、内面については言うまでもなく、歳とともに、素敵に輝いていきたい。自分の星を輝かせるために必要な燃料のようなものだろう。

その燃料をたくさん生み出すために、私はあらためて、愛と勇気を持って、この人生を誠心誠意生きていこうと思った。どう生きるかで、きっと生み出せる燃料の量や質は変わっていくように思うから。

旅に出る前、自分自身を「陶器」のように思い描いたけれど、今となっては、キラキラ輝く「星」だと感じる。


私は今回の旅で、「若返る美」から「老いる美」について正面から向き合えて、最終的にその喜びを感じた。

老いることはなんら怖くない。これから、自分という星は、ますます輝いていくと信じている。毎日が、そのための努力や修業の日々だと思えば、俄然ヤル気がみなぎってくる。

ありがたいことに、私の知っている歳上の女性たちは、40代でも50代でもとても素敵に輝き、美しい。

身近な母でさえ、63歳になったというのに、仕事の面接を受け、いつの間にか働き始めていた（面接のとき、私は旅先だった）。

「覚えられなくて、大変。もう、やんなっちゃう。やだなあ……」

「今日は誰さんが辞めちゃったの。不安だわ」

と言いつつ、趣味のパン教室に10年も通い続けながら、仕事を辞めることなく今も続けている。どんどん老いていくけれど、娘には、母なる星が年々美しく輝いて見える。


タイ国際航空の機内で、そんなさまざまな記憶、考え、気持ちが浮かび上がり、初めはカオスのようだったけど、やがてひとつにまとまっていった。

美を取り戻す旅で、もちろん自分なりに自信を取り戻した部分も多いけれど、最終的には「美とは何か、自分なりにわかる旅」だった気がしている。


ところで、街のめざましい発展の中で繰り広げられるさまざまな経験の一つひとつに、あらためてバンコクの魅力を発見した。もちろん、世界のどこにでも、日本でだって、好きなところと嫌いなところがある。

けれど、自分が自分らしく過ごせ、それを受け入れてくれる土壌がバンコク、タイにはある。日本は、少しばかり型にはまりすぎたり、レールが敷かれすぎているように感じるから、存分に自分の星を作りあげたいと願う旅女には、バンコクの包容力に支えられたところがあった。

これからも、どんどんバンコクは変わっていくだろうと思う。それでもずっと変わらないであろう「微笑みの国」へ、笑顔に会いに、またすぐにタイに戻ろう！


やがて飛行機は着陸態勢に入った。

いよいよ帰国だけれど、私の美の旅は始まったばかりだ。


最後に、中学生のときからずっと友達でいてくれる親友のクリナ。バンコク滞在中にかけがえのない経験を一緒にしてくれ、精神的な支えとなってくれてありがとう。私の大好きなポメロをいつも冷蔵庫に絶やさず入れていてくれる愛、カバー写真撮影のため、連写150枚も撮ってくれたうえ、写りの悪すぎる私のことを涙を流しながら笑ってやり過ごしてくれた深い愛、ありがとう。前世であなたをかくまってよかった（なんて）！

3男児との日々も、子供のいない私にとって、経験できない喜びを与えてくれていた。「のんちゃんの隣（席）がいい！」と家でもレストランでも喧嘩する3人を見て、涙腺がはち切れそうになりながら、（実は）苦手な子供を心から愛しいと思えるようになった。

そして、処女作『恋する旅女、世界をゆく』から、文章を書くことの大変さと喜びを絶えず教えてくださる幻冬舎の永島賞二氏と設楽悠介氏に、心から感謝を申し上げます。『恋する旅女、世界をゆく』の執筆中、何度か心が折れそうになったけれど、できあがった本をお二人が渡してくださったときに、「書くことをやめなかったのが、素晴らしい」と言われ、私はこれからも、どんなに苦しくても書くことをやめないと心に誓ったのです。そうして今回も本を書き上げることができました。私なりの輝く星は、こうしたお二人にも支えられているという感謝を忘れません。

また、今回の出版にあたり、多大なるご協力をいただいたバンコク在住の皆様、タイ美女たち、そして毎度無事に帰国するかと心配してくれる家族にこの場を借りて感謝いたします。

2015年6月　この夏、結局また日焼けしそうな旅女

小林希

この作品は書き下ろしです。原稿枚数512枚（400字詰め）。

恋《こい》する旅女《たびじょ》、美容大国《びようたいこく》タイ・バンコクにいく！

小林希《こばやしのぞみ》

平成27年6月10日　初版発行

発行人——石原正康
編集人——袖山満一子
発行所——株式会社幻冬舎
〒151-0051東京都渋谷区千駄ヶ谷4-9-7
電話　03(5411)6222(営業)
　　　03(5411)6211(編集)
振替00120-8-767643
印刷・製本—中央精版印刷株式会社
装丁者——高橋雅之

検印廃止
万一、落丁乱丁のある場合は送料小社負担で
お取替致します。小社宛にお送り下さい。

定価はカバーに表示してあります。

幻冬舎文庫

ISBN978-4-344-42348-0　C0195　　こ-36-2

幻冬舎ホームページアドレス　http://www.gentosha.co.jp/
この本に関するご意見・ご感想をメールでお寄せいただく場合は、
comment@gentosha.co.jpまで。